Couverture inférieure manquante

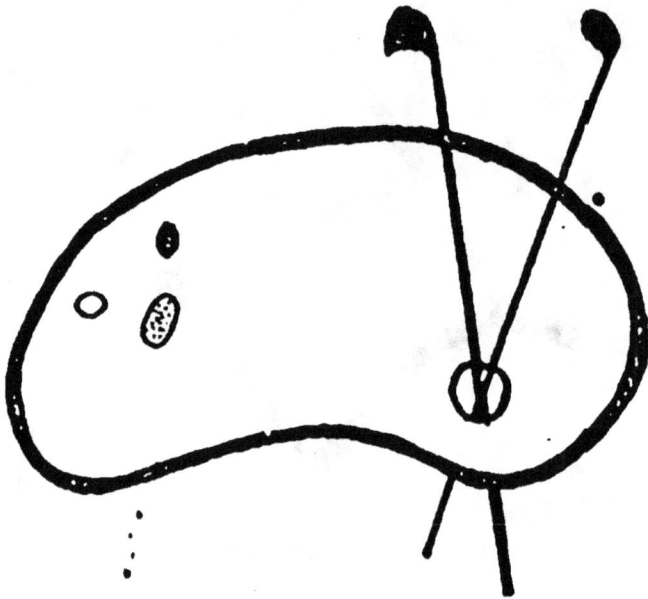

DEBUT D'UNE SERIE DE DOCUMENTS
EN COULEUR

CONGRÈS DES MÉDECINS ALIÉNISTES ET NEUROLOGISTES
DE FRANCE ET DES PAYS DE LANGUE FRANÇAISE

XIVᵐᵉ SESSION — PAU — 1ᵉʳ-7 AOUT 1904

PSYCHIATRIE

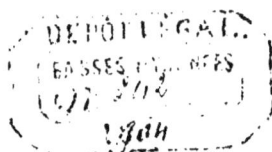

DES
DÉMENCES VÉSANIQUES

RAPPORT

PRÉSENTÉ

par le Docteur G. DENY
MÉDECIN DE LA SALPÊTRIÈRE.

PAU
IMPRIMERIE-STÉRÉOTYPIE GARET, RUE DES CORDELIERS, 11
J. EMPÉRAUGER, IMPRIMEUR

1904

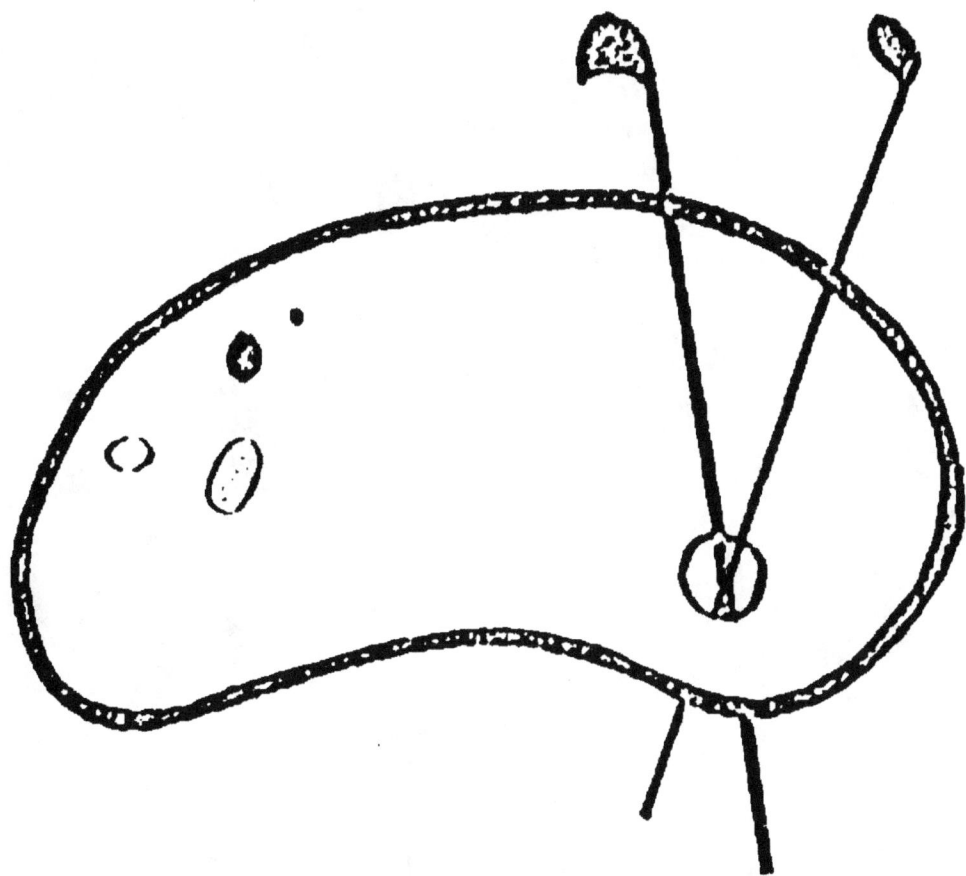

TIRÉ D'UNE SÉRIE DE DOCUMENTS
EN COULEUR

DES DÉMENCES VÉSANIQUES

CONGRÈS DES MÉDECINS ALIÉNISTES ET NEUROLOGISTES
DE FRANCE ET DES PAYS DE LANGUE FRANÇAISE

XIVᵐᵉ SESSION — PAU — 1ᵉʳ·7 AOUT 1904

PSYCHIATRIE

DES
DÉMENCES VÉSANIQUES

RAPPORT

PRÉSENTÉ

par le Docteur G. DENY

MÉDECIN DE LA SALPÊTRIÈRE.

PAU
IMPRIMERIE-STÉRÉOTYPIE GARET, RUE DES CORDELIERS, 11
J. EMPÉRAUGER, IMPRIMEUR

1904

Les Démences vésaniques

PAR

le Dr G. DENY

MÉDECIN DE LA SALPÊTRIÈRE

AVANT-PROPOS

« *Mon intention en prenant la parole, disait l'année dernière M. le Dr Gilbert Ballet à la première séance du Congrès de Bruxelles, est moins de faire une communication que d'appeler l'attention sur l'opportunité qu'il me semble y avoir à discuter le plus prochainement possible (je voudrais que ce fût à la prochaine session) la question très à l'ordre du jour de la démence précoce, qu'il paraît aujourd'hui plus rationnel d'appeler la démence vésanique rapide.* »

A s'en tenir à cette dernière dénomination, il semble bien qu'en mettant la question des démences vésaniques au nombre de celles qui doivent être discutées à la session de Pau, le Congrès de Bruxelles ait voulu, comme M. Gilbert Ballet, que le problème de la démence précoce fût abordé de front et qu'il reçût, s'il était possible, une solution.

A vrai dire, entre la démence précoce considérée actuellement par l'École d'Heidelberg comme une affection primaire, à évolution nettement déterminée, et le groupe disparate des démences vésaniques ou secondaires, dans lequel viennent se fondre les états terminaux de diverses psychoses, les rapports semblent assez éloignés ; mais, en y réfléchissant, on ne tarde

1.

pas à se convaincre que ces deux questions sont au contraire étroitement unies et que leur étude est pour ainsi dire inséparable.

Il ne faut pas se dissimuler en effet que la nosographie actuelle de la démence précoce n'a pu être constituée qu'à la faveur d'un démembrement des anciennes vésanies et des démences qui leur succèdent et, par conséquent, qu'une révision complète du groupe actuel de ces vésanies et de ces démences s'imposera si l'autonomie de la démence précoce, brillamment défendue l'année dernière à Bruxelles par le Dr Claus, est définitivement reconnue.

On voit donc qu'il existe un rapport de subordination très étroit entre ces deux questions, et que, malgré le titre proposé pour ce rapport, l'étude des démences vésaniques y doit céder le pas à celle de la démence précoce.

Ces brèves considérations montrent assez nettement l'intérêt du débat qui va s'ouvrir pour qu'il soit inutile |d'y insister davantage.

Si la démence précoce est une psychose constitutionnelle, ne pouvant être attribuée qu'à une prédisposition strictement inhérente au sujet, comme on l'admet encore pour l'hystérie, les classifications actuelles, malgré leurs imperfections, gardent toute leur valeur; si, au contraire, la démence précoce est une maladie accidentelle, au même titre que la paralysie générale progressive, il faut s'attendre, sinon à une révolution, comme l'a proclamé M. Gilbert Ballet à Bruxelles, du moins à une évolution, qui permettra d'exclure définitivement des cadres actuels de la psychiatrie, non seulement les anciennes folies simples, déjà condamnées par Morel et par J. Falret, mais encore la plupart des psychoses qu'on s'est efforcé de rattacher dans ces dernières années à la dégénérescence mentale.

CHAPITRE Ier

Division du sujet.

L'existence de la démence précoce, c'est-à-dire d'une psychose à manifestations variées, qui se montre surtout chez les jeunes gens à l'époque de la puberté ou de l'adolescence, et qui se termine presque toujours, sinon toujours, au bout d'un temps relativement court, par l'abolition complète de l'intelligence ne saurait plus être aujourd'hui contestée par personne. Il n'est aucun médecin en effet qui n'ait eu l'occasion d'observer quelques exemples de cette affection et les aliénistes dont elle a davantage attiré l'attention, l'ont depuis longtemps décrite sous des vocables divers : *idiotie accidentelle ou acquise, démence précoce, hébéphrénie, folie de la puberté, démence chronique primaire de la jeunesse, démence juvénile, démence vésanique rapide, démence primitive,* etc.

C'est le terme de *démence précoce* qui est actuellement le plus répandu et c'est lui que nous adopterons malgré les critiques qui lui ont été adressées, parce qu'il a l'avantage de ne pas préjuger, comme celui d'*hébéphrénie* ou de *folie de la puberté,* la cause de l'affection et parce qu'il ne limite pas à une époque aussi restreinte de la vie que celui de *démence juvénile,* la date de son apparition.

Cette dénomination purement clinique est du reste d'origine française ; elle appartient, croyons-nous, à Morel, et puisque les auteurs allemands l'ont conservée, nous serions de notre côté mal venus à l'abandonner. Quant à la désignation de *démence vésanique rapide,* récemment proposée par M. Gilbert Ballet, nous croyons qu'elle doit être écartée, au moins provisoirement, parce qu'elle tranche la question doctrinale et pathogénique actuellement en discussion.

Si la plupart des aliénistes, en effet, s'entendent pour admettre l'existence d'une affection démentielle propre à l'adolescence, l'accord est loin d'être aussi unanime en ce qui concerne sa nature et son étiologie.

« Le problème étiologique, a dit M. Ballet, à Bruxelles, me paraît à l'heure actuelle le problème capital : la démence précoce est-elle une psychose *accidentelle* ou une psychose *constitutionnelle?* Voilà le point vif de la question. Suivant la solution qui interviendra on pourra décider si la description de la démence précoce n'est qu'une amplification nosographiquement plus détaillée et plus précise de celle déjà donnée par Morel, ou si, au contraire, l'affection doit être élevée au rang d'entité nosologique nouvelle. »

Acceptant la discussion sur le terrain choisi par M. Gilbert Ballet, je m'abstiendrai de faire ici un historique détaillé qui serait de nature à compliquer la question plutôt qu'à l'éclaircir. Je me bornerai à exposer brièvement la genèse et l'évolution des idées, qui se traduisent aujourd'hui par une divergence complète de vues, entre les continuateurs de Morel et les partisans de l'École d'Heidelberg.

J'essayerai ensuite, en me basant sur l'étude étiologique et clinique de 50 cas de démence précoce observés et suivis à la Salpêtrière, au cours de ces dernières années, ainsi que sur les constatations anatomiques faites récemment sur les centres nerveux de quelques-uns de ces malades, d'élucider le problème pathogénique qui passionne aujourd'hui si vivement le monde des aliénistes et de déterminer la place qu'il convient d'assigner à la démence précoce dans la classification.

J'examinerai enfin dans un dernier chapitre la question de savoir si le groupe des démences vésaniques ou secondaires doit être maintenu dans la nomenclature psychiatrique.

CHAPITRE II

Genèse et formule de la démence précoce : psychose constitutionnelle ou psychose accidentelle.

S'il n'est pas contestable que la conception actuelle de la démence précoce soit fondée à peu près uniquement sur les travaux des auteurs allemands, il faut cependant reconnaître que les médecins français du commencement du siècle dernier n'y sont pas restés tout à fait étrangers.

L'histoire des origines de la démence précoce peut donc être divisée en deux périodes, *française* et *allemande*, à la vérité d'inégale importance, qui se partagent à peu près par moitié le siècle qui vient de finir. A ces deux périodes, nous en ajouterons une troisième consacrée à l'exposé de la théorie qui, d'après un grand nombre de travaux récents, paraît appelée à rallier tous les suffrages et que nous appellerons période *contemporaine*.

I. **Période Française** *(1809-1860)*. — Elle s'étend du commencement au milieu environ du siècle dernier. Trois noms seulement méritent d'y figurer : PINEL, ESQUIROL et MOREL.

A) — Bien que Pinel n'ait distingué que quatre espèces d'aliénations mentales : la *manie*, la *mélancolie*, la *démence* et l'*idiotisme*, et que, sous cette dernière dénomination il ait englobé indistinctement tous les cas « d'oblitération des facultés intellectuelles et des sentiments affectifs », qu'ils fussent congénitaux ou acquis, aigus ou chroniques, c'est à lui qu'on a voulu faire remonter la première notion de la démence précoce. A l'appui de cette manière de voir on a cité l'observation du jeune sculpteur, âgé de 28 ans, épuisé autant par des excès d'intempérance que par les plaisirs de l'amour, dont Pinel a tracé le portrait suivant : « Il restait presque toujours immobile et taciturne, ou

bien par intervalles, il laissait échapper une sorte de rire niais
et stupide; nulle expression dans les traits de sa figure, nul
souvenir de son état antérieur. Il ne marquait jamais d'appétit
et l'approche seule des aliments mettait en jeu les organes de
la mastication; il restait toujours couché et a fini par tomber
dans une fièvre hectique qui est devenue mortelle[1] ».

Il est possible en effet qu'il se soit agi là d'un cas de démence
précoce, mais il n'en reste pas moins que l'illustre médecin de
Bicêtre et de la Salpêtrière, ne l'a pas isolé de ceux où les facultés intellectuelles n'avaient jamais existé.

B) — C'est à Esquirol qu'appartient le mérite de cette distinction; au mot d'*idiotisme* il substitua celui d'*idiotie* et sépara
nettement celle-ci de la *démence*. Il décrivit, en outre, les principales manifestations du *négativisme* ainsi que la plupart
des *stéréotypies* auxquelles on accorde aujourd'hui une si
grande valeur pour le diagnostic de la démence précoce et
entrevit même cette affection, comme le prouvent les lignes
suivantes extraites de son chapitre sur l'idiotie :

« Quelquefois les enfants naissent très sains, ils grandissent
en même temps que leur intelligence se développe; ils sont
d'une grande susceptibilité, vifs, irritables, colères, d'une ima-
gination brillante, d'une intelligence développée, l'esprit est
actif. Cette activité n'étant pas en rapport avec les forces physiques, ces êtres s'usent, s'épuisent vite, leur intelligence reste
stationnaire, n'acquiert plus rien et les espérances qu'ils don-
naient s'évanouissent: c'est l'*idiotie accidentelle* ou *acquise*[2]. »

Non seulement Esquirol ne fait aucune allusion aux *antécédents héréditaires* de ces enfants, mais il déclare même très
explicitement et en maints endroits, que l'arrêt de développement
de leurs facultés est la conséquence de *causes accidentelles*.
Au nombre de ces causes, il range : un traitement trop actif et
débilitant par des saignées, la suppression des menstrues, les
écarts de régime, l'onanisme, les coups sur la tête, etc. Pinel
avait déjà remarqué que l'abus des saignées durant un traitement antérieur de la manie, une vive frayeur, une suppression

---

1. — Ph. Pinel : *Tr. méd. philosophique sur l'aliénation mentale*, 1809,
p. 182.
2. — Esquirol : *Maladies mentales*, 1838, t. II, p. 352.

brusque des règles ou des retards de l'écoulement menstruel peuvent produire l'idiotisme, de telle sorte que, pour les médecins du commencement du siècle dernier, il semble bien que l'affection que nous désignons aujourd'hui sous le nom de démence précoce, pouvait survenir d'une façon fortuite et accidentelle. Comme cette opinion est celle qui tend aujourd'hui à prévaloir, il n'était peut-être pas inutile de rappeler que la France lui avait servi de berceau.

C) — La théorie d'Esquirol sur *l'idiotie accidentelle* ou *acquise* ne retint pas l'attention de ses contemporains et ne tarda pas à être combattue par Morel, qui enseigna « que bien loin d'être *accidentelle*, la démence des adolescents devait au contraire être considérée comme *constitutionnelle* — pour lui c'est un signe de dégénérescence qu'il faut rattacher à l'hérédité. — C'est chez les enfants d'aliénés, d'alcooliques, dit-il, que l'on observe cet arrêt prématuré des facultés, qui n'est que le dernier terme d'une évolution fatale, dont l'adolescent avait apporté le germe en naissant[1] ».

C'est Morel pourtant qui employa le premier, le mot de « démence précoce » pour caractériser l'état mental des enfants chez lesquels l'apparition de la puberté est suivie à bref délai d'une déchéance progressive et irrémédiable des facultés.

A propos, en effet, d'un enfant de 13 à 14 ans chez lequel une haine violente pour l'auteur de ses jours avait subitement remplacé les sentiments les plus tendres, Morel s'exprime ainsi :

« Cet enfant dont la tête était bien conformée et dont les facultés intellectuelles dépassaient de beaucoup celles de ses camarades d'études..... devint sombre, taciturne et montra de la tendance à l'isolement. Progressivement il oublia tout ce qu'il avait appris, ses facultés intellectuelles si brillantes subirent un temps d'arrêt très inquiétant. Une espèce de torpeur voisine de l'hébétude remplaça l'activité première et, lorsque je le revis, je jugeai que la transition fatale à l'état de *démence précoce* était en voie de s'opérer. Ce pronostic désespérant est ordinairement bien loin de l'idée des parents et même des médecins qui donnent leurs soins à ces enfants.

1. — CHRISTIAN : *De la démence précoce des jeunes gens. (Ann. méd. Psych.,* 1899, p. 45.)

Telle est néanmoins dans bien des cas la funeste terminaison de la folie héréditaire. Une immobilisation soudaine de toutes les facultés, une *démence précoce*, indiquent que le jeune sujet a atteint le terme de la vie intellectuelle dont il peut disposer. Il est alors désigné sous le nom *d'imbécile, d'idiot[1]* ».

Morel malheureusement, comme nous l'avons déjà signalé, n'attacha pas d'autre signification à l'expression de démence précoce que celle d'un simple stigmate tardif de dégénérescence comparable à la *surdi-mutité*, à la *faiblesse congénitale des facultés*, etc.[2] à côté desquelles il la range; le plus souvent il lui préfère le terme d'idiotisme qui revient à chaque instant sous sa plume et à propos d'un jeune séminariste devenu idiot dans la plus complète acception du mot, il s'écrie même : « Je ne sais en vérité quel nom donner à l'état mental de certains individus que j'ai pu observer et qui, après avoir passé par tous les degrés de la *mélancolie avec débilité progressive de l'intelligence* sont tombés ultérieurement dans *l'idiotisme* le plus irrémédiable et le plus dégradant[3]. »

Quoiqu'il en soit, Morel n'accorda pas une place distincte dans sa classification aux déments précoces, qu'il avait cependant observés en grand nombre[4] et il les fit rentrer dans la 3ᵉ classe de ses « *aliénations héréditaires à existence intellectuelle limitée avec transition à l'idiotisme le plus irrémédiable* ».

Ainsi englobée dans le vaste groupe des folies héréditaires, la *démence précoce* ou *l'idiotie accidentelle* d'Esquirol eut le sort de la *stupidité* de Delasiauve, laquelle, selon l'expression de Chaslin « *disparut simplement, oubliée, perdue, évanouie, dans le bouleversement produit par la conception de la dégénérescence*[5] ».

Deux provinces perdues d'un seul coup pour la psychiàtrie française, c'était peut-être payer un peu cher l'introduction de cette nouvelle doctrine dans la médecine mentale.

---

1. — Morel : *Tr. des Mal. mentales*, 1860, p. 566.
2. — Morel : *Traité des Mal. mentales*, 1860, p. 516.
3. — Morel : *Id.*, p. 177.
4. — « Notre asile, dit Morel, renferme un nombre énorme de jeunes gens de l'un et l'autre sexe ainsi tombés prématurément en démence, et la dénomination de *démence juvénile* est presque aussi souvent employée par nous que celle de *démence sénile*. Ét. cliniques, 1852, t. I, p. 234. »
5. — Chaslin : *La Confusion mentale primitive*, 1895, p. 45.

II. Période Allemande *(1860-1900)*. — Parmi les travaux
très nombreux et presque tous d'origine allemande qui appartiennent à cette période, il faut placer en première ligne ceux
de Kahlbaum et de Hecker sur l'*hébéphrénie*, de Kahlbaum
encore sur la *catatonie* et enfin de Kræpelin sur la *démence
précoce et sa variété paranoïde*.

C'est en effet du rapprochement et de la synthèse de ces
différentes affections qu'est née la conception actuelle de la
démence précoce. A ce titre, ces travaux mériteraient de nous
arrêter longuement ; mais, après l'exposé magistral qui en a été
fait l'année dernière à Bruxelles par le Dr Claus, exposé qui est
encore présent à toutes les mémoires, nous nous bornerons à en
rappeler brièvement les traits fondamentaux.

A) — C'est Kahlbaum qui, en 1863, attira le premier l'attention
sur l'existence d'une nouvelle maladie mentale aboutissant rapidement à la démence, maladie à laquelle il donna le nom
d'*hébéphrénie*, parce qu'il la considérait comme étroitement liée
au développement de la puberté.

Kahlbaum, il est vrai, se borna à esquisser sommairement les
caractères de cette affection, et c'est Hecker qui, quelques années
plus tard (1871), en traça le tableau clinique complet. Les caractères invoqués par cet auteur pour soutenir que l'hébéphrénie se
distinguait très nettement des autres psychoses de l'adolescence
sont tirés de sa symptomatologie et de son évolution.

Les symptômes qui, d'après Hecker, appartiennent en propre à
l'hébéphrénie consistent surtout en troubles du langage et de
l'écriture. Dans leurs discours comme dans leurs écrits, les
malades ont une tendance soit à répéter à satiété les mêmes
mots ou les mêmes membres de phrases, soit à les intercaler à
tout propos au milieu de leurs bavardages. Ils montrent en outre
une prédilection marquée pour les expressions insolites ou
baroques. Tantôt leur débit est saccadé et précipité, tantôt il est
lent, monotone, et affecte le caractère d'une mélopée. Volontiers
ils imitent le zézayement des petits enfants ou contrefont des
accents étrangers.

Quant au contenu des discours des hébéphréniques, il représente beaucoup plus une succession de phrases incohérentes,
dépourvues de toute signification, que de véritables conceptions

délirantes. Signalons toutefois quelques idées de persécution ou d'hypochondrie, restes de la mélancolie qui marque le premier stade de l'affection.

On peut en effet, d'après Hecker, distinguer trois phases dans l'évolution de la maladie : qui débute « par un stade de mélancolie, auquel succède une période d'excitation maniaque plus ou moins intense, après laquelle se développe un état spécial de faiblesse psychique ou d'imbécillité dont les *signes sont déjà manifestes au début de l'affection.* Les malades, à cette dernière période, peuvent paraître normaux pour les personnes non initiées à la médecine mentale, puisque la faiblesse d'esprit n'atteint pas *toujours* un degré très élevé[1] ».

Si brève que soit cette esquisse clinique de l'hébéphrénie de Hecker, on ne peut manquer d'être frappé de sa ressemblance avec le tableau clinique de la démence précoce, telle qu'on la décrit actuellement. La même remarque s'applique, comme on va le voir, à la catatonie.

B) — La conception de la *catatonie* appartient tout entière à Kahlbaum dont elle constitue l'œuvre maîtresse.

C'est en 1868, au Congrès de Insbruck, que cet auteur signala pour la première fois cette nouvelle entité, mais ce n'est que quelques années plus tard, à la suite de la monographie qu'il lui consacra en 1874, que la catatonie attira véritablement l'attention des aliénistes.

Voici comment, d'après Séglas, peut être résumée la conception de Kahlbaum : la catatonie se manifeste d'abord « par un stade de dépression mélancolique à marche lente, de symptomatologie assez commune. Au début il y a souvent des mouvements spasmodiques convulsifs, arrivant par attaques. Puis vient un stade d'excitation maniaque qui peut cependant manquer; en général il est assez court. Comme ensemble, c'est ou bien de la mélancolie agitée anxieuse, ou bien de l'agitation maniaque, ou bien un délire plus fixe. On rencontre alors quelques symptômes particuliers : caractère pathétique des paroles et des actes, exaltation théâtrale, extase tragico-religieuse, verbigération ou répétition de paroles ou de phrases insignifiantes ou incohéren-

---

1. — CLAUS : *Catatonie et stupeur.* (Congrès de Bruxelles, 1903, p. 18.)

tes, prononcées sur un ton emphatique et déclamatoire, gestes stéréotypés, attitudes bizarres et sans but, grimaces spéciales.

» Dans le stade suivant, stade catatonique proprement dit, la maladie revêt toutes les apparences de la stupidité. C'est alors que l'on rencontre les phénomènes moteurs caractéristiques sous forme de convulsions toniques ou cloniques, de raideurs musculaires, d'états cataleptoïdes ; puis le mutisme, le refus d'aliments, la résistance systématique (négativisme) ; les stéréotypies, les rires explosifs, etc.

» Ce stade qui peut durer des semaines et des mois, est suivi d'un autre d'une durée souvent plus longue encore et consistant en des alternatives d'excitation ou de stupidité avec leurs symptômes décrits ci-dessus.

» La maladie peut guérir, ce qui est le cas le plus fréquent, sinon elle passe au stade terminal de démence [1] ».

En résumé, la catatonie, d'après Kahlbaum, est une affection cérébrale à marche cyclique, qui revêt successivement l'aspect de la mélancolie, de la manie, de la stupeur, de la confusion mentale et finalement de la démence.

Une ou plusieurs de ces phases peuvent manquer, mais ce qui dans tous les cas permet de les rattacher les unes aux autres et de leur attribuer une origine commune, c'est leur coexistence constante avec une série de troubles moteurs offrant le caractère de la crampe ou de la spasticité et ayant, au point de vue du diagnostic et du pronostic, la même importance que les signes physiques dans la paralysie générale. Aussi, dans la pensée de Kahlbaum, la catatonie était-elle appelée à constituer une sorte de pendant à cette affection.

La catatonie peut se rencontrer à tous les âges, mais c'est dans l'adolescence qu'elle est la plus fréquente ; elle se rapproche donc à ce point de vue de l'hébéphrénie et présente encore quelques autres points communs avec cette affection, tels que la verbigération, le mutisme, les stéréotypies, etc. ; elle en diffère par son issue habituellement favorable.

Notons, en outre, que la démence, quand elle a lieu, ne se montrerait qu'à la période terminale, tandis que dans l'hébé-

1. — STULAS : *Démence précoce et Catatonie, Nouv. Iconogr. de la Salpêtrière,* 1902, n° 4.

phrénie elle peut être mise en évidence dès les premières phases de la maladie.

La conception de Kahlbaum souleva en Allemagne dès discussions passionnées qui durent encore; nous ne les reproduirons pas malgré leur intérêt, car, outre que Claus nous en a tracé l'année dernière un tableau saisissant, elles ne se rapportent que très indirectement à la question spéciale qui nous occupe aujourd'hui, puisqu'il s'écoula presque vingt années avant que fussent précisées les relations qui unissent l'hébéphrénie et la catatonie à la démence précoce.

C) — Cette synthèse fut l'œuvre de Kræpelin. C'est dans la 4ᵐᵉ édition de son *Traité de psychiatrie,* parue en 1893, que le professeur d'Heidelberg [1], guidé par l'idée de son maître Van Gudden, idée défendue aussi par Falret, Guislain, Magnan, etc., que seule l'étude de l'évolution et de la marche des maladies pouvait, en médecine mentale, conduire actuellement à une classification rationnelle, rapprocha l'une de l'autre sous la rubrique de DÉGÉNÉRESCENCES PHYSIQUES : la *démence précoce,* la *catatonie* et la *démence paranoïde.*

L'apparition singulièrement rapide d'un état persistant de faiblesse intellectuelle justifiait le rapprochement de ces trois formes morbides :

La *démence précoce* était caractérisée par le développement subaigu d'un affaiblissement des facultés tantôt simple, tantôt accompagné d'états d'agitation et de dépression avec troubles sensoriels et idées délirantes.

La *catatonie* débutait par un état de dépression avec idées délirantes vagues, puis survenait un état de stupeur caractérisé par du négativisme, des stéréotypies, de la suggestibilité et des impulsions.

Ce stade de stupeur pouvait être interrompu par des accès d'excitation maniaque.

La catatonie de Kræpelin diffère de celle de Kahlbaum par son *évolution* qui est moins cyclique, un ou plusieurs stades

1. — Bien que Kræpelin soit actuellement professeur à la *Clinique psychiatrique de Munich* nous continuerons, au cours de ce rapport, à le désigner sous le nom de « professeur d'Heidelberg » parce que c'est pendant son séjour à l'Université de cette ville qu'a été édifiée la conception actuelle de la démence précoce.

pouvant manquer, par l'*origine psychique* assignée aux troubles moteurs avec phénomènes de négativisme, que Kahlbaum considère comme dus à de simples *contractions musculaires antagonistes* et aussi par la *terminaison* habituellement défavorable de la maladie.

La *démence paranoïde*, enfin, était constituée par l'apparition brusque, soudaine, d'idées de persécution et de grandeur extravagantes, sans lien logique entre elles, et faisant très rapidement place à la démence.

A cette description il est facile de reconnaître que la démence paranoïde englobait les formes connues en France sous le nom de *délire d'emblée*, de *délire polymorphe*, de *bouffées délirantes des dégénérés*, etc., et en Allemagne sous celui de *paranoïa aiguë*. Quant à la démence précoce proprement dite et à la catatonie, elles étaient constituées, à peu de choses près, par les mêmes éléments que l'hébéphrénie de Hecker et la catatonie de Kahlbaum.

Telle est la première étape d'où Krœpelin est parti pour aboutir à la conception actuelle de la démence précoce ; à partir de ce moment, chacune des éditions de son livre va lui apporter une contribution importante.

Dans la 5ᵐᵉ, parue en 1896, cet auteur distingue d'abord deux grandes classes de maladies mentales : celles qui sont *acquises* et celles qui résultent d'une *prédisposition morbide*, et c'est dans le 3ᵐᵉ groupe de la 1ʳᵉ classe, sous le vocable : MALADIES PAR TROUBLES DE LA NUTRITION, que viennent prendre place, à côté de la *folie myxœdémateuse*, les PROCESSUS DÉMENTIELS parmi lesquels figurent : *A)* la *démence précoce* à laquelle se rattache l'hébéphrénie ; *B)* la *catatonie ; C)* la *démence paranoïde*, affection dans laquelle, après le développement rapide d'idées de persécution et de grandeurs absurdes et incohérentes avec une légère agitation, s'établit de très bonne heure un état permanent de confusion mentale ; *D)* la *démence paralytique*.

Ajoutons que le groupe des DÉGÉNÉRESCENCES PSYCHIQUES est supprimé de cette classification ; que la *manie* et les différentes formes de *Wahnsinn* cessent d'y figurer et que la *mélancolie* y devient une psychose de la période d'involution.

Cette synthèse est complétée dans la 6ᵐᵉ édition du traité de Krœpelin (1899).

L'hébéphrénie, la catatonie et la démence paranoïde perdent leur caractère d'*affections distinctes* et deviennent les *trois grandes formes* d'une maladie générique, autonome, la *démence précoce,* laquelle constitue, avec les *psychoses thyréogènes* (myxœdème et crétinisme) et la *paralysie générale progressive,* le groupe des maladies mentales qui reconnaissent pour cause une AUTO-INTOXICATION.

La classification de 1899 contient une autre modification importante à la conception de la démence précoce; ce ne sont plus seulement en effet les *formes confuses et incurables de la paranoïa aiguë* qui sont absorbées par la démence paranoïde, mais encore *toutes les variétés hallucinatoires de la paranoïa chronique,* y compris le *délire chronique à évolution systématique* de Magnan.

La *démence paranoïde* comprend donc : 1° une *forme simple* caractérisée par des idées de persécution ou de grandeur absurdes, mobiles et contradictoires comme celles des paralytiques généraux, et 2° une forme qu'on pourrait appeler *hallucinatoire,* dans laquelle les conceptions délirantes, accompagnées de troubles sensoriels, présentent un degré plus ou moins marqué de systématisation, se prolongent durant des années et se terminent par la démence. Le cadre de la paranoïa chronique se trouve, de ce fait, considérablement rétréci, Krœpelin n'y faisant plus figurer que les délires à base d'interprétations fausses et à systématisation parfaite, qui persistent pendant toute la vie, avec conservation des facultés syllogistiques, sans tendance à la démence.

Si adversaire que l'on soit du nouveau classement des maladies mentales du professeur d'Heidelberg, il faut reconnaître qu'il a au moins le mérite de faire disparaître de la nomenclature les innombrables variétés de Wahnsinn et de Blödsinn, de Verrücktheit et de Verwirtheit, etc., avec leurs acceptions variées, qui encombrent la littérature allemande et qui ont fait dire un jour à Pelmann que les aliénistes finiraient par ne plus se comprendre entre eux.

La synthèse de la démence précoce dont nous venons d'esquisser les principales étapes est-elle définitive, la 7me édition parue cette année du traité de Krœpelin nous l'apprendra un peu plus loin, mais auparavant il nous faut revenir en arrière et examiner rapidement ce qui s'est passé en France pendant la seconde moitié du siècle dernier.

Les travaux de Kahlbaum et de Hecker, qui soulevèrent en Allemagne de si retentissantes discussions, n'attirèrent pas beaucoup l'attention des aliénistes français.

Une leçon clinique, publiée par B. Ball en 1884 sur la folie de la puberté ou hébéphrènie, ne trouva pour ainsi dire pas d'écho, bien qu'elle reproduisit très fidèlement les idées de Kahlbaum-Hecker. Il en fut à peu près de même de celles de Mairet, parues en 1888-1889 dans les *Annales médico-psychologiques*. Du reste en distinguant deux groupes de folies pubérales, en rangeant dans le premier les simples arrêts de développement et dans l'autre des psychoses très différentes, dues à une perversion des facultés, cet auteur commença à déplacer la question de son véritable terrain. L'année suivante, au Congrès de Rouen, mon ami Charpentier la fit dévier complètement en créant onze groupes distincts de démences précoces, dans lesquels sont rangés les affections les plus disparates (démences épileptique, syphilitique, traumatique, alcoolique, etc.).

Or, comme l'a déjà fait remarquer Christian, « ce sont là des démences *symptomatiques* n'ayant d'autre analogie avec la véritable démence précoce, celle de l'hébéphrènie, qui, elle, est *idiopathique*, que d'apparaître à la même période de la vie [1] ».

A la vérité, sous le nom de *démence précoce simple des enfants normaux*, Charpentier semble bien avoir entrevu l'hébéphrènie de Hecker ; malheureusement il s'est borné à en signaler l'existence sans la décrire.

Cette affection ne reçut pas meilleur accueil de Régis, qui déclare dans son Manuel de médecine mentale (1892), que les désordres psychiques liés à la puberté sont des plus variables et qu'il est impossible de les englober dans une formule unique, comme les allemands ont tenté de le faire sous le nom d'hébéphrènie, et Régis ajoute, « quoiqu'en pensent certains auteurs allemands, la folie de la puberté est en général *peu grave* et elle

---

1. — CHRISTIAN : *De la démence précoce chez les jeunes gens. (Ann. méd. Psychologiques)*, 1899, t. I, p. 81.

disparaît avec la cessation de la période critique qui lui a donné naissance, à moins d'avoir sa source dans une hérédité très marquée, auquel cas elle n'est que la première étape d'une dégénérescence intellectuelle ou d'une démence incurable[1]. »

Notre collègue Cullerre se rapprochait davantage de la vérité en disant dans son *Traité pratique des maladies mentales* que « chez certains *héréditaires dégénérés* la manie se termine brusquement et sans transition par une démence profonde avec gâtisme, *sans passer par la phase chronique*. C'est ce qu'on appelle la *démence précoce* qui, chez les jeunes sujets, pourrait être prise pour une forme de l'idiotie dont elle a les principaux caractères ».

Si brève qu'elle soit, cette allusion à la démence précoce mérite d'être retenue parce qu'elle reflète l'état d'esprit des aliénistes français qui, à cette époque, sous l'influence des doctrines alors en pleine vogue de Morel, accordaient un rôle presque exclusif à l'*hérédité* ou à la *dégénérescence* dans le développement des psychoses.

C'est à cet état d'esprit qu'il faut sans doute attribuer le silence presque complet de Magnan et de ses élèves sur les travaux allemands.

Une seule fois dans leur monographie des dégénérés, Magnan et Legrain prononcent le mot d'hébéphrénie et se bornent à dire qu' « à la puberté appartiennent encore ces bizarreries mentales qu'on a qualifiées du nom d'hébéphrénie ».

Un jugement presque aussi sommaire tranche la question de la démence précoce.

« Notons encore, disent ces auteurs, (que nous regrettons de critiquer), l'anéantissement précoce et définitif de l'intelligence chez un certain nombre de jeunes dégénérés très lourdement tarés, dont la résistance cérébrale ne peut soutenir les efforts constants et de jour en jour plus nombreux de l'accommodation. Ils tombent dans la *démence* après une lutte plus ou moins longue où l'on voit *leurs facultés jusque-là bien développées*, sombrer peu à peu dans le plus complet *deliquium*[2] ».

La même doctrine avait déjà été soutenue par Legrain dans

1. — Régis: *Man. prat. de Méd. ment.*, 1892, p. 343.
2. — Magnan et Legrain : *Les Dégénérés*, 1895, p. 125

sa thèse inaugurale et ensuite par Vigouroux. Voici comment s'exprime Legrain : « On voit quelquefois la démence survenir chez des sujets très jeunes, d'une manière précoce. Cette démence, que l'on peut appeler primitive, a une physionomie toute spéciale. Les malades ont présenté pendant leur enfance ou pendant leur adolescence un état mental satisfaisant ; ils ont pu parfois être des sujets intelligents, distingués même, lorsque tout à coup on voit leur intelligence décliner ; ils cessent de faire des progrès ; même ils rétrocèdent et perdent peu à peu tout ce qu'ils ont appris ; ils commettent une série d'enfantillages ou des actes compromettants dont ils n'ont plus la moindre conscience, et en quelques mois la démence s'établit d'une façon irrémédiable.

» D'autres fois, le début de la maladie a été marqué par quelques idées délirantes très fugaces et la démence leur est consécutive.

» Il est inutile d'insister sur ces faits cliniques bien connus ; une lourde prédisposition héréditaire nous paraît être la raison indubitable *d'une démence aussi précoce,* survenant sans qu'aucun trouble délirant soit venu au préalable affaiblir l'état mental qui, jusque-là, n'avait rien présenté d'anormal, sans qu'une maladie grave, intercurrente, ait pu produire des lésions énormes, irréparables. Les jeunes déments sont au premier chef des dégénérés [1]. »

On remarquera que ces jeunes déments qui sont *au premier chef des dégénérés* « ont présenté pendant leur enfance ou pendant leur adolescence un état mental satisfaisant ; ils ont pu parfois être des sujets intelligents, distingués même » comme l'avaient déjà signalé Esquirol et Morel, et cependant « ils tombent dans la démence après une lutte plus ou moins longue où l'on voit *leurs facultés, jusque-là bien développées,* sombrer... »

Plus n'est donc besoin pour entrer dans la grande famille des dégénérés de stigmates physiques ou psychiques, ni de cet état mental de déséquilibration qui constitue pour l'École de l'admission de St-Anne le criterium par excellence de la dégénérescence, il suffit qu'on se soit permis de devenir dément avant l'âge.

Ce sont ces exagérations doctrinales, reproduites quelques

_____

1. — Legrain : *Du Délire chez les dégénérés,* 1886, p. 234.

— 18 —

années plus tard par un élève de Magnan, Roubinovitch, dans son livre sur *La folie en France et en Allemagne*, qui ont fait dire à un illustre aliéniste étranger que la conception de la dégénérescence, avec l'extension que lui donnait l'École psychiatrique française, dépassait les limites d'une doctrine scientifique. « On en est arrivé aujourd'hui, dit le Dr Lentz, à ne plus diagnostiquer la dégénérescence : on la présuppose, on l'impose ; ce n'est pas par la présence de tel ou tel symptôme ou syndrome qui la caractérise, qu'on en démontre l'existence ; il suffit que de près ou de loin le soi-disant dégénéré manifeste dans ses troubles morbides quelque anomalie ou quelque irrégularité, pour qu'aussitôt on proclame la dégénérescence évidente, sans s'inquiéter s'il existe au moins quelques signes qui puissent en démontrer l'existence ; et, quand les ayant recherchés on ne parvient pas à les découvrir, on se borne à déclarer qu'ils doivent exister: c'est là, permettez-moi de le dire, du véritable césarisme scientifique[1]. »

C'est Christian qui, en 1899, tira définitivement l'hébéphrénie de l'oubli où l'avait plongée la théorie de la dégénérescence. Dans un important mémoire qui marque une date dans l'histoire de la démence précoce en France, notre collègue démontra que l'hérédité et la dégénérescence étaient complètement étrangères au développement de cette affection. Reprenant la tradition d'Esquirol, il soutint, avec de nombreuses observations à l'appui, que toutes les causes débilitantes groupées sous le terme générique de *surmenage* étaient capables de lui donner naissance et qu'elle devait être rangée au nombre des *psychoses par épuisement*.

Entre temps la catatonie n'était pas beaucoup mieux partagée que l'hébéphrénie. A la vérité, Séglas et Chaslin lui consacrèrent une très importante et très remarquable revue critique, mais pour la condamner en tant qu'entité morbide et lui accorder seulement le rôle d'une simple manifestation de la stupeur, simple ou symptomatique, dont elle ne serait qu'une variété, en rapport plus étroit avec un terrain dégénératif et plus particulièrement hystérique[2].

1. — LENTZ : *Formes morbides et classifications en médecine mentale*, in Bull. de la Soc. de Méd. ment. de Belgique, 1897, p. 28.
2. — SÉGLAS et CHASLIN : *De la Catatonie* (Arch. de Neur., 1888, n° 46, p. 65).

Cette conclusion que Séglas a aujourd'hui presque complètement abandonnée, comme on le verra plus loin, fut adoptée par
la grande majorité des aliénistes français et contribua à détourner
leur attention du syndrome catatonique.

Il ne faut donc pas s'étonner qu'elle ait été reproduite huit ans
plus tard, presque dans les mêmes termes, par Roubinovitch
qui déclare formellement, que les symptômes indiqués par
Kahlbaum comme pathognomoniques de la catatonie, s'observent
dans un grand nombre d'affections mentales et que les *observations publiées sous ce nom correspondent aux formes morbides
les plus disparates* [1].

Ce qui a encore desservi la cause de la catatonie en France
c'est la confusion qui s'est établie entre les mots de catatonie
et de catalepsie. Beaucoup d'auteurs considèrent ces deux affections comme synonymes alors qu'en réalité il existe entre elles
une différence importante : la catalepsie, qui n'est que la conservation des attitudes imprimées aux membres (Brissaud) est en
effet un des éléments du syndrome catatonique, — élément qui
fait du reste souvent défaut, — alors que le syndrome catatonique est constitué par un ensemble de troubles psycho-moteurs
ou neuro-musculaires, dont les plus saillants sont pour ainsi
dire la contre-partie de la catalepsie.

Quant à la *démence paranoïde* on conçoit, étant donnée la
date relativement récente de son apparition, qu'elle n'ait attiré
l'attention des aliénistes français que dans ces dernières années,
à la suite des travaux de Séglas et de Sérieux, travaux sur
lesquels nous reviendrons plus loin.

On voit donc qu'au triple point de vue de l'hébéphrénie, de la
catatonie et de la démence paranoïde, la deuxième phase de
l'histoire de la démence précoce ne pouvait guère recevoir un
autre nom que celui que nous lui avons donné.

A la vérité, pour le justifier complètement, nous devrions passer maintenant en revue les travaux que les doctrines alleman-
des ont suscitées en dehors de notre pays pendant cette période,
mais ces travaux ont été si fidèlement analysés l'année dernière
dans le rapport de Claus, que nous croyons inutile d'y revenir.

Du reste, au point de vue de l'étiologie de la démence précoce,

1. — Roubinovitch : *De la folie en France et en Allemagne*, 1896, p. 183.

le seul qui soit actuellement en discussion, ces travaux ne sont guère, sauf quelques divergences de détails, que le reflet de ceux parus en France et en Allemagne. Les auteurs russes, italiens, anglais, américains, belges, etc., qui se sont occupés spécialement de cette question, peuvent en effet être tous considérés, les uns comme les continuateurs de Morel, les autres comme ralliés aux idées du professeur d'Heidelberg, suivant qu'ils font rentrer la démence précoce dans la classe des folies héréditaires ou dégénératives, ou bien dans celle des folies acquises dues à des facteurs étiologiques puissants.

III. **Période contemporaine** *(1900-1904)*. — On pouvait espérer que le Congrès de Médecine de 1900, avec lequel commence ce que nous appelons arbitrairement la période contemporaine de la démence précoce, apporterait à la question quelques éclaircissements. Il n'en a rien été. Bien que les *psychoses de la puberté* fussent à l'ordre du jour des travaux de la section de psychiatrie, la nosographie de la démence précoce y a été à peine effleurée. « On s'y est borné, dit Serbsky, à confirmer un fait connu depuis longtemps et universellement accepté, à savoir qu'à l'époque de la puberté, ce sont les formes les plus variées des troubles psychiques qui peuvent se produire. Tout au plus si cette discussion a démontré combien les rapporteurs, ainsi que les membres du Congrès, étaient peu disposés à changer leur manière de voir; de sorte qu'ils ont mis complètement de côté les conceptions originales du professeur d'Heidelberg [1]. »

Ce jugement paraîtra peut-être un peu sévère, et cependant, la seule conclusion un peu précise à laquelle ait abouti la discussion, a été qu'il n'y avait pas à proprement parler de psychoses de la puberté.

Si la puberté reste étrangère au développement des troubles mentaux des adolescents, quelle en est donc la cause ? A cet égard, les opinions les plus contradictoires se sont fait jour.

Benedikt (de Vienne), considère tous les cas d'aliénation survenant à l'époque de la puberté comme appartenant à l'hystérie. Parmi les causes de ces aliénations, il invoque l'hyperesthésie

---

1. — W. SERBSKY : *Contrib. à l'étude de la démence précoce*, in-Ann. méd. Psychol., 1903, p. 380.

de la vulve, le prurit et le manque de goût sexuel. Pons (de Bordeaux), se rallia à cette manière de voir.

Seul, Régis émit l'hypothèse déjà précédemment soutenue par lui de l'origine auto-toxique d'un certain nombre de psychoses de la puberté, notamment celles désignées sous le nom d'*hébé-phrénie* qui s'accompagnent de *symptômes catatoniques*.

Finalement, Gilbert Ballet eut le dernier mot en disant que « les *causes occasionnelles* sont *inconstantes* et *insuffisantes* à nous expliquer ces psychoses de la jeunesse dont l'*affaiblisse-ment intellectuel constitue la terminaison habituelle et rapide*.

» Dans la majorité des cas, ajoute cet auteur, on peut s'assu-rer que le sujet portait en lui une *prédisposition dès longtemps acquise ;* dans quelques-uns où cette prédisposition semble faire défaut, on est en droit de l'admettre, car ces cas constituent une exception et une exception que rien n'explique. Inexpliquée, l'exception doit en bonne logique être rattachée à la règle [1] ».

Cette déclaration si formelle n'était en somme que la réédition de la doctrine de Morel et de Magnan à laquelle Gilbert Ballet a encore donné l'appui de son autorité l'année dernière à Bruxelles : la seule atténuation qu'il lui ait apportée est que le groupe des démences précoces est peut-être dissociable, quelques-unes d'entre elles pouvant reconnaître une autre cause que l'hérédité.

En regard de cette *théorie française* ou de l'*origine constitu-tionnelle* de la démence précoce, il convient maintenant de placer la *théorie allemande* ou de son *origine accidentelle* per-sonnifiée par Kræpelin, telle que vient de la formuler cet auteur dans la 7ᵉ et dernière édition, parue cette année même, de son *Traité de psychiatrie*. La voici aussi fidèlement reproduite que possible :

« L'essence de la démence précoce, dit le professeur d'Heidel-» berg, est tout à fait obscure. L'opinion la plus répandue est » qu'il s'agit d'une régression progressive d'un cerveau insuffi-» sant ; mais contre cette conception se montrent des objections » importantes. Il est difficile de comprendre pourquoi un orga-» nisme qui jusque-là s'était développé d'une manière normale, » parfois même puissante, sans cause particulière, tout d'un » coup, s'arrête dans son développement et se met à *dégénérer*.

1. — *Comptes-rendus de la Sect. de Psychiatrie du Congrès de 1900*, p. 121.

« Même les prédispositions morbides les plus chargées, comme
» cela se montre dans 18 ou 19 °/. des cas de démence précoce,
» ne peuvent éclairer un semblable processus. Au contraire, nous
» voyons dans les troubles psychiques qui se montrent sur un
» terrain fortement préparé par l'hérédité non une rapide désa-
» grégation mentale, mais plutôt des *états morbides de long*
» *développement ou des psychoses périodiques.*
     » Nous arrivons ainsi à penser qu'il doit s'agir de lésions sai-
» sissables de l'écorce. Dans la démence précoce il y a donc
» une destruction ou bien un endommagement véritable de
» l'écorce, mais nous ne savons pas encore par quel processus
» morbide ces lésions sont produites : on peut penser vraisem-
» blablement à une auto-intoxication [1] ».

Il reste donc acquis que la démence précoce fait partie du
groupe des maladies qui relèvent de processus auto-toxiques.

La dernière classification de Kræpelin est du reste calquée
sur celle de 1899 : la *démence précoce,* maladie générale, y
figure toujours entre les *psychoses thyréogènes* et la *paralysie
générale,* et comprend les trois grandes formes signalées plus
haut : la forme *hébéphrénique* (ancienne *dementia præcox*
de l'auteur) ; la forme *catatonique* (ancienne catatonie de
Kahlbaum) et la forme *paranoïde* à laquelle il convient de
rattacher, à titre sinon définitif du moins provisoire, toutes les
variétés hallucinatoires des délires systématisés chroniques qui,
plus ou moins rapidement, se terminent par un degré marqué
d'affaiblissement intellectuel.

Nous pouvons maintenant résumer en quelques lignes l'histoire de la démence précoce dont nous venons de tracer brièvement les principales phases.

La notion de la démence précoce est d'origine française et
appartient sans conteste à Esquirol.

En la dépouillant de tous les attributs d'une espèce nosologique, en l'assimilant à un simple stigmate de dégénérescence,
Morel lui porta un coup funeste.

Après Morel, la théorie de la dégénérescence élargie, amplifiée,
et magnifiée par l'École de l'admission de Ste-Anne, finit par

1. — Kræpelin : *Tr. de Psychiatrie,* 7ᵉ édition, 1904, t. II, p. 120.

englober toute la pathologie mentale, au point que J. Falret a pu dire, sans être taxé d'exagération, que la *folie des dégénérés* de Magnan était comme un immense océan, sans limites et sans fond, dans lequel viendraient s'engloutir et disparaître toutes les variétés les mieux établies et les plus naturelles des maladies mentales. Ce fut le sort de la démence précoce.

Tandis qu'en Allemagne s'édifiait lentement une vaste synthèse nosologique comprenant à la fois l'idiotie accidentelle d'Esquirol, l'hébéphrénie et la catatonie de Kahlbaum-Hecker, la *dementia præcox* et la démence paranoïde de Kræpelin, en France l'oubli et le silence se faisaient peu à peu sur ces formes morbides et pendant plus de vingt ans l'enseignement départi aux jeunes générations médicales fut tout entier contenu dans cet aphorisme désespérant de Magnan et Legrain : « *Les plus tarés des dégénérés sont candidats à une démence précoce soit primitive, soit post délirante.* »

Ce n'est que dans ces dernières années, à la suite des travaux de Christian, de Séglas et de ses élèves, de Sérieux, de Masselon, de Dide et Chenais, de Klippel et Lhermitte, de Régis, voire même de notre ami Arnaud ; grâce aussi en grande partie à l'enseignement du professeur Joffroy, de son élève Rogues de Fursac, etc., que l'idiotie accidentelle d'Esquirol, reconstituée sur de nouvelles bases, a repris sa place dans les traités français de pathologie mentale.

Que cette reconstitution ne soit pas à l'abri des critiques, que plusieurs parties du nouvel édifice soient encore mal assujetties, personne n'y contredit et Kræpelin a été le premier à signaler les points faibles de sa doctrine ; il n'en reste pas moins que l'École, dont il est le représentant le plus autorisé, a fait justice des exagérations de la théorie de Morel et de Magnan et qu'elle a orienté la psychiatrie dans une voie nouvelle, dont la fécondité est attestée par les innombrables travaux qu'a fait surgir dans tous les pays la séduisante conception du professeur d'Heidelberg. La simple énumération de ces travaux tiendrait ici une trop grande place pour pouvoir être reproduite ; nous nous bornerons donc à citer parmi les auteurs qui ont le plus contribué à répandre et à développer les idées nouvelles, les noms de Meeus, Sano, Cuylitz, de Bück, Crocq, P. Masoin, en Belgique ; en Italie, de

Marro, Finzi et Vedrani, Mucha, Lugaro, Levi-Bianchini, etc; en Russie, de Daraskiovietz, Tchisch, Tigges, Tokarsky, Stransky; en Allemagne, de Scholz, Aschaffenburg, Elmiger, Schroder, Gross, Furhmann, etc., etc.

En terminant, nous tenons à signaler particulièrement une récente monographie sur la démence précoce, du D' Evenson, médecin de l'asile de Trondhjem et enfin à rappeler encore une fois quelle source de précieux renseignements a été pour nous le rapport de notre savant collègue Claus.

CHAPITRE III

La démence précoce d'après les conceptions actuelles ; étude clinique.

Les considérations historiques qui précèdent, à la vérité très incomplètes, ne permettent guère d'envisager la démence précoce autrement que comme une *entité clinique* à laquelle fait encore défaut une *base anatomique* indiscutable.

La sémiologie clinique de cette affection constitue donc actuellement le chapitre le plus important de son histoire, mais cette sémiologie, telle qu'elle ressort des travaux de l'École d'Heidelberg, est beaucoup trop complexe et trop touffue, pour pouvoir être exposée ici dans tous ses détails ; aussi bien, pour le but que nous poursuivons, n'est-il pas nécessaire d'en tracer le tableau complet ; il nous suffira de montrer que malgré leur grande variabilité, les symptômes de la démence précoce peuvent, en réalité, se grouper de façon à former un véritable *tout nosographique*.

C'est donc à une sorte de vue d'ensemble de la démence précoce à sa période d'état, beaucoup plus qu'à la description didactique de ses diverses modalités, — aujourd'hui du reste bien connues de la plupart des aliénistes, — que sera consacré ce chapitre.

La démence précoce, nous le savons déjà, est une psychose essentiellement caractérisée par un *affaiblissement spécial et progressif des facultés intellectuelles* qui survient le plus souvent chez des *sujets jeunes, jusqu'alors normaux*, s'accompagne fréquemment de *troubles psychiques variés* (excitation, dépression, confusion, conceptions délirantes, hallucinations, etc.) et qui se termine, dans la grande majorité des cas, par l'*abolition de toute espèce d'activité psychique et physique*.

Le début de l'affection, — que nous n'étudierons pas ici, — est habituellement signalé par des *troubles névropathiques protéiformes*, suivis *d'accès délirants polymorphes*, mais ayant néanmoins certains caractères très particuliers et accompagnés de *symptômes physiques*. (SÉRIEUX.)

Comme la paralysie générale, avec laquelle elle offre tant d'analogies, la démence précoce comporte donc des *signes psychiques* et des *signes physiques* ; les premiers peuvent eux-mêmes être divisés en signes *constants, invariables* ou *fondamentaux* et en signes *épisodiques, variables* ou *accessoires*.

Les troubles psychiques fondamentaux sont l'*affaiblissement des facultés intellectuelles* et les symptômes qui en dérivent ; parmi les troubles psychiques accessoires, nous insisterons seulement sur les *manifestations délirantes, les troubles sensoriels* et les *états d'excitation, de dépression et de stupeur.*

Signes psychiques fondamentaux. — DÉMENCE GLOBALE SPÉCIFIQUE. — *L'affaiblissement des facultés*, symptôme capital de la démence précoce, présente des caractères spéciaux qui le différencient nettement des autres états démentiels.

Le premier de ces caractères est d'être *primaire*, (ce qui justifie une fois de plus la dénomination de *précoce* donnée à cette variété de démence), c'est-à-dire qu'il entre le premier en scène et précède pour un observateur attentif toutes les autres manifestations de la maladie. En second lieu cet affaiblissement est *global*, car il se montre d'emblée diffus et généralisé aux trois grandes facultés psychiques (sensibilité, intelligence et volonté[1]) ; mais — et c'est là ce qui lui confère une véritable *spécificité* — il est *électif* parce que tout en intéressant l'ensemble des processus psychiques, il ne les atteint ni de la même manière, ni au même degré.

Le déficit intellectuel des déments précoces en effet, *incomplet* quoique *global* au début de l'affection, se manifeste d'abord dans la sphère des sentiments affectifs et moraux et ne s'étend que plus tardivement à celle de l'activité volontaire et à celle des facultés intellectuelles proprement dites, pour devenir *total*, lorsque par les progrès de la maladie toutes les facultés sont anéanties.

1. — Il va de soi que c'est uniquement pour les besoins de la description que nous conservons cette ancienne division psychologique des facultés à laquelle ni la physiologie ni la clinique ne sauraient souscrire.

Cette action élective assigne à la démence précoce une place distincte à côté des deux autres grandes démences, la *paralysie générale* et la *démence sénile*, puisque *primaires* et *globales* toutes les trois, elles diffèrent cependant foncièrement en ce que les *facultés affectives* sont lésées d'une façon prépondérante dans la démence précoce, les *facultés intellectuelles* dans la paralysie générale et la *volonté* dans la démence sénile.

S'il fallait opposer systématiquement ces trois types de démences, on pourrait dire que la démence précoce, au début du moins, est surtout *morale*, la démence paralytique *intellectuelle*, et la démence sénile « *volontaire* ».

Sous l'exagération de ce schéma on voudra bien rechercher quelque vérité, avec cette réserve que chacune de ces démences qu'artificiellement nous voulons spécialiser, est en réalité *globale*.

TROUBLES DE LA SPHÈRE AFFECTIVE ET MORALE. — Après quelques *modifications* d'abord légères, ensuite plus marquées, *du caractère* (variabilité de l'humour, instabilité, tendance à la rêverie et à l'isolement, irritabilité), les sentiments affectifs et moraux s'émoussent, puis finissent par disparaître complètement.

L'apathie, l'anesthésie morale, l'indifférence émotionnelle signalée par tous les auteurs — indifférence qui s'étend à tout et à tous — qui se traduit par l'absence de joie et de tristesse, de désir et de crainte ; *les alternatives de dépression et d'excitation*, la *négligence de la tenue*, les *habitudes malpropres*, la *disparition des sentiments de famille*, la *perte de la notion des convenances*, l'*incuriosité*, le *manque absolu d'intérêt* des malades qui ne réclament jamais leur sortie, ne formulent jamais aucune plainte, aucune réclamation, etc. (je signale sans décrire), relèvent trop manifestement d'un engourdissement de la sensibilité morale, lié lui-même à un affaiblissement, quelquefois encore peu marqué de l'intelligence, pour que j'y insiste.

Ainsi que le fait remarquer Masselon, « cet état contraste violemment avec celui des déments paralytiques qui, quoiqu'ayant des troubles plus profonds de la mémoire et de l'intelligence, manifestent de profondes réactions émotives, se montrent tantôt déprimés, voire même anxieux, tantôt se livrent à une joie exubérante ; il contraste également avec la sensiblerie des déments séniles, émus par le moindre souvenir qui évoque en eux l'image de leurs enfants ou de leurs jeunes années, versant des larmes avec une facilité extrême. La disparition des sentiments affectifs est donc un signe presque pathognomonique de la démence précoce, surtout lorsque ce signe est observé au milieu de nombreux symptômes d'indifférence émotionnelle chez des sujets ne présentant encore que des troubles peu étendus de la mémoire[1] ».

Tandis que le paralytique général au début, conserve souvent, sans du reste s'en affecter, une certaine conscience de sa déchéance (Dupré), le dément précoce ne se rend aucun compte des changements de sa personnalité, ni de l'amoindrissement de son intelligence.

Ajoutons enfin qu'on ne constate pas non plus chez lui rien qui ressemble à l'émotivité morbide des dégénérés. (Sérieux.)

Troubles de l'activité volontaire et automatique. — Si des troubles de la vie affective, nous passons à ceux de l'*activité motrice volontaire* ou *automatique,* le tableau devient encore plus saisissant.

Naturellement, c'est par défaut que l'*activité volontaire* est troublée ; à l'apathie morale correspond l'*aboulie* à tous ses degrés.

Mais la volonté n'est pas seulement lésée comme faculté de se décider à une action ou de mouvoir les membres, elle est encore perdue comme pouvoir d'arrêt des mouvements automatiques qui sont toujours conservés et le plus souvent même exaltés.

C'est à la réunion de ces troubles de l'activité volontaire et automatique qu'on a donné le nom de *syndrome catatonique.*

Les principaux éléments de ce syndrome sont : des phénomènes *d'opposition* plus connus aujourd'hui sous le nom de *négativisme,* des phénomènes de *docilité* auxquels s'applique le terme de *suggestibilité* et enfin des *stéréotypies.*

Je ne dirai que quelques mots de ces trois groupes de phénomènes étudiés l'année dernière par Claus d'une façon très complète.

Le *négativisme* se caractérise à son degré le plus léger par la

1. — Masselon : *Psychologie des déments précoces,* 1902, p. 138.

lenteur et l'*hésitation* des mouvements, par les efforts que nécessite l'accomplissement de tout acte commandé ou spontané. L'appareil volontaire ressemble à un mécanisme rouillé qui ne fonctionne que difficilement (Rogues de Fursac) ; c'est l'état décrit par Finzi et Vedrani sous le nom de *contrainte* ou *d'empêchement psychique*, « *intoppo psichico* ». A un degré plus accusé, les malades se font remarquer par une inertie et une inaction complètes. Plongés dans la *stupeur*, ils restent immobiles et raidis durant des journées entières et opposent à tous les actes qu'on veut leur faire exécuter une *résistance invincible*, conséquence de leur *activité négative*.

Moins fréquentes, mais aussi de moindre valeur que celles du négativisme, les manifestations de la *suggestibilité* consistent tantôt dans une simple *docilité* ou une sorte *d'activité imitative* des malades qui exécutent tout ce qu'on leur ordonne, copient mutuellement leurs poses et leurs attitudes, continuent automatiquement des gestes commencés *(automatisme rotatoire*, Bernheim, Meige, *activité positive* de Brissaud), etc.; tantôt dans la conservation des positions qu'on imprime à leurs membres *(attitudes cataleptiformes, activité passive* de Brissaud), la répétition des mots entendus *(écholalie)*, des gestes exécutés devant eux *(échomimie, échopraxie)* etc., etc.

Comme le fait judicieusement remarquer Brissaud pour justifier l'emploi de ces mots un peu contradictoires *d'activité positive, d'activité passive* etc., le cataleptique a perdu toute spontanéité, mais il consent encore à exécuter l'action *matérielle* que lui impose *matériellement* une impulsion étrangère. Il *subit* cette impulsion et il s'y *conforme* lorsqu'elle est assez puissante pour qu'il éprouve moins de peine à s'y soumettre qu'à s'y dérober. Aussi la caractéristique de la catalepsie n'est pas l'inactivité : c'est la *passivité* ou mieux encore l'*inertie*, au sens propre de ce terme[1].

L'affinité de ces deux groupes symptomatiques (négativisme et suggestibilité) n'est pas contestable car on les voit souvent alterner ou coexister chez les mêmes malades ; tous deux du reste peuvent être rapportés à un même processus psycho-pathologique fondamental, la perte de *l'activité volontaire, l'aboulie* et la

---

1. — Brissaud : *La Catalepsie symptomatique,* In-Progrès Médical, 1903, n° 1.

persistance d'une certaine activité automatique, irraisonnée et inconsciente.

Cette désagrégation psychique est encore plus accentuée dans les phénomènes de *stéréotypie,* caractérisés par la *répétition incessante* et indéfinie des *mêmes gestes,* des *mêmes mots,* lesquels s'intercalent dans tous les membres de phrases (réaction de persévération), des *mêmes grimaces* (froncement des sourcils, clignement d'yeux, battements des paupières, mouvements de succion, protrusion des lèvres); des *mêmes tics,* des *mêmes manies* ou façons singulières de parler, de manger, de s'habiller, de marcher, etc.

A côté des *stéréotypies* et comme autres manifestations de *l'exagération de l'automatisme* chez les déments précoces, il nous faut encore signaler leur *besoin continuel de mouvements, de gesticulations désordonnées,* sans but, sans troubles émotionnels adéquats, gesticulations qui se prolongent d'une façon ininterrompue pendant des jours, des semaines et des mois; leur *impulsivité,* leurs *fugues irrésistibles,* leurs *crises convulsives,* leurs *explosions* de *rires* ou de *pleurs,* etc., etc.

Tous ces troubles moteurs, il est à peine besoin de le dire, sont loin d'être pathognomoniques, ils s'observent dans beaucoup de maladies mentales, mais c'est seulement dans la démence précoce qu'ils atteignent leur plus haut degré de développement et se présentent à l'état de phénomènes élémentaires, automatiques, qui ne s'expliquent qu'à la condition de tenir compte du fond mental dont ils relèvent. (Séglas.)

Comme l'a indiqué P. Masoin, ils se produisent d'une façon explosive, comme des décharges brusques, instantanées, dépourvues de but et de signification et sans relation aucune avec des idées délirantes, des hallucinations ou des troubles émotionnels.

« Cette manière de comprendre la catatonie rend compte des conditions apparemment si diverses de son apparition : elle permet d'expliquer la variabilité si grande de ses manifestations suivant les sujets; elle rend compte aussi des modifications qui se présentent chez un seul et même malade : automatisme des cellules motrices qui se traduit par des tics d'étendue variable; automatisme des centres moteurs qui produit des actes plus ou moins complexes (impulsions, crises) et dans un ordre opposé de faits : état cataleptique, négativisme, oppositions diverses[1]. »

Mais de tels phénomènes d'automatisme, ainsi que le fait observer Séglas, ne peuvent être que des corollaires. La condition première qui en constitue le substratum, c'est l'insuffisance permanente ou épisodique, partielle ou généralisée, de cohésion entre les éléments divers qui constituent l'agrégat de la personnalité; c'est, dirons-nous à notre tour avec Meynert, Brissaud, Meige, etc., une *insuffisance corticale* coïncidant avec *une hyperexcitabilité des centres sous-corticaux*.

TROUBLES DE LA SPHÈRE INTELLECTUELLE. — Cette insuffisance corticale trouve sa plus haute expression dans les troubles de la *sphère intellectuelle proprement dite* dont il nous reste à parler et qui se manifestent par des altérations de l'*attention spontanée et volontaire,* de la *mémoire,* de la *réflexion,* du *jugement,* de l'*association des idées,* etc., etc.

Les *troubles de l'attention* ont été bien étudiés par Masselon qui les considère comme caractéristiques : les malades sont incapables de s'appliquer à aucun travail, de lire, de fixer leur esprit sur un objet, etc. En ayant recours à la méthode des tests psychologiques et aux opérations de tête de Sommer, Masselon a constaté un *allongement des temps de réaction,* déjà beaucoup plus longs que la normale d'ailleurs, avant toute fatigue — ce qui permet d'affirmer que la mémoire, le jugement, l'association des idées, pour ne parler que des principales facultés intellectuelles, sont troublées en quelque mesure, car elles interviennent également dans ces opérations.

Les *troubles de la mémoire* portent à la fois sur la reproduction des souvenirs anciens et sur la faculté de fixer de nouvelles images. Les *souvenirs anciens,* surtout ceux qui relèvent plus ou moins de l'automatisme, peuvent persister assez longtemps. Joffroy insiste volontiers sur la conservation prolongée de la *mémoire du calcul* chez les déments précoces, ce qui contraste avec la perte élective et prématurée des *souvenirs arithmétiques* chez les déments paralytiques[2].

1. — P. MASOIN : *Remarques sur la Catatonie,* In-Journ. de Neurologie, 1902, n° 4.

2. — CORNILLOT : *De la perte de mémoire du calcul comme signe précoce de l'affaiblissement intellectuel chez les paralytiques généraux.* Th. Paris, 1904.

Il en est de même des *noms propres,* des *faits saillants* de l'histoire, dont le souvenir si rapidement perdu par les déments paralytiques ou séniles, peut être au contraire assez facilement évoqué chez les déments précoces, même à une phase avancée de la maladie. Par contre, les souvenirs plus complexes qui exigent une activité psychique réelle, disparaissent très rapidement.

La faculté de fixer de *nouvelles images* est complètement abolie. On peut s'en assurer facilement en faisant lire aux déments précoces quelques lignes d'un journal ou d'un livre ; presque toujours ils se montrent incapables d'en reproduire autre chose que les derniers mots ou d'en fournir la moindre explication.

Cette impossibilité de fixer de nouvelles images apparaît encore clairement dans leur *verbigération écrite ou parlée,* leur *jargonaphasie,* leurs *néologismes,* etc. La stéréotypie du langage ne reconnaît peut-être pas d'autre cause que la fixation automatique de certaines images aux dépens des autres. (MASSELON.)

Il existe également chez les déments précoces quelques *troubles de l'orientation.* La plupart de ces malades, les déments paranoïdes exceptés, n'ont pas conscience du milieu dans lequel ils vivent, ils n'ont aucune notion du temps et ne savent ni leur âge, ni le millésime de l'année.

Il nous faut enfin signaler les *modifications de l'association des idées* que révèle d'une façon si saisissante le langage des malades, modifications qui ont fait dire à Meeus que ce qui caractérise spécialement leur cérébration, c'est un trouble dans la vie psychique associative :

« Les concepts existent en tant qu'unités mais ils sont dislo-
» qués, isolés l'un de l'autre, ils éclatent comme des pétards
» à droite et à gauche ; c'est comme un piano mécanique
» détraqué où les notes s'enchevêtrent dans une cacophonie
» étrange, non parce que la manivelle est tournée trop vite
» mais parce que dans ce mécanisme les notes partent au hasard.

» Non seulement l'association régulière et l'unité générale
» sont brisées, de sorte que le langage devient d'une incohé-
» rence déconcertante, mais il y a comme une véritable folie
» de l'association qui se fait par des voies anormales, si bien
» que les idées dévient à tout moment et ne se relient que par la

» même assonnance de certains mots, par des rimes, des syno-
» nymes, etc., et aussi, phénomène non moins curieux, par
» opposition, par antithèse, une idée agréable appelant immédia-
'» tement une idée triste, etc.[1]. »

Tels sont, brièvement esquissés, les principaux aspects sous
lesquels peut se présenter l'affaiblissement des facultés intellectuelles chez les déments précoces.

Cet affaiblissement constitue, ainsi que nous l'avons déjà
signalé, le fondement même de la maladie, ce qui veut dire qu'il
en est à lui seul la *condition nécessaire* et *suffisante*.

Lorsqu'il existe à l'*état isolé* pendant tout le cours de l'affection, sans véritables conceptions délirantes, sans hallucinations
et surtout sans phénomènes marqués d'excitation, on se trouve
en présence d'une forme en quelque sorte *atténuée* ou *fruste*
de la démence précoce *(forme simple* de Sérieux, *hébéphrénie
légère* ou *mitigée* de Christian). Les autres variétés cliniques
de l'affection auxquelles il a été fait allusion dans le premier
chapitre : la *catatonie*, l'*hébéphrénie*, la *démence paranoïde*
résultent, au contraire, de l'*association de cet affaiblissement des
facultés avec d'autres troubles psychiques* moins importants,
mais que nous ne saurions cependant passer sous silence.

Signes psychiques accessoires. — Ces *troubles psychiques accessoires,* quelquefois transitoires, parfois au contraire assez persistants, sont des *manifestations délirantes
variées,* des *hallucinations* et surtout des *états particuliers
d'excitation, de dépression* ou *de stupeur* qui, dans certains
cas, occupent le premier plan de la scène morbide et impriment
à la maladie un cachet tout à fait spécial.

MANIFESTATIONS DÉLIRANTES. — C'est principalement dans l'*hébéphrénie* et dans les *deux variétés de la démence paranoïde* de
Kræpelin que s'observent les *manifestations délirantes.* Leurs
caractères sont un peu différents dans chacune de ces formes
morbides.

Dans l'hébéphrénie et dans la *1re variété de la démence paranoïde (démence paranoïde proprement dite)* qui comprend les

1. — MEEUS : *De la démence précoce,* In-Journ. de Neurologie, 1902, n° 22.

formes décrites en France sous les noms de délire polymorphe, de délire d'emblée, de paranoïa aiguë, les conceptions délirantes ne présentent rien de spécial en ce qui concerne leur contenu : les plus fréquentes sont des *idées de richesses, de grandeur* ou *de persécution* et aussi des *idées hypochondriaques, mystiques, érotiques,* etc. ; elles sont foncièrement *polymorphes* et *asystématiques.* Par leur multiplicité, leur niaiserie, leur extravagance elles égalent, si même elles ne dépassent, celles du paralytique général (SÉGLAS). Elles se montrent surtout aux premières phases de la maladie, ne déterminent pas de réaction émotive adéquate à leur contenu *(ataxie intra-psychique* de Stransky) et disparaissent en général assez rapidement, en laissant à nu le fond démentiel sur lequel elles sont greffées.

Dans la 2ᵐᵉ variété de la démence paranoïde — sa légitimité est discutée plus loin — qui a été constituée par Kræpelin aux dépens de la paranoïa et qui comprend tous les *délires systématisés hallucinatoires chroniques* (y compris le *délire chronique de Magnan),* les conceptions délirantes sont plus cohérentes, moins mobiles, plus tenaces et persistent en général pendant un assez grand nombre d'années : elles s'accompagnent, en outre, comme chez tous les paranoïaques, d'une *exagération du sentiment de la personnalité,* consistent surtout en *idées de persécution et de grandeur* qui deviennent peu à peu stéréotypées et dont l'expression verbale est le plus souvent illustrée de *néologismes,* de *jargonaphasie* et de *gestes cabalistiques.*

TROUBLES SENSORIELS. — Ils accompagnent les idées délirantes et se rencontrent, par conséquent, dans les mêmes formes démentielles, mais leur existence est beaucoup plus nette et plus accusée dans la démence paranoïde (2ᵐᵉ variété) que dans l'hébéphrénie. Les plus fréquents consistent en *hallucinations de l'ouïe, de la vue et de la sensibilité générale;* plus rarement on observe des hallucinations des autres sens ou du moins leur existence est loin d'être toujours facile à mettre en évidence et, à vrai dire, elles ne se présentent pas avec des caractères assez tranchés pour retenir l'attention.

ÉTATS D'EXCITATION, DE DÉPRESSION ET DE STUPEUR CATATONIQUES. Les réactions psycho-motrices les plus variées peuvent s'observer dans toutes les formes de démence précoce, mais au contraire des troubles psychiques que nous venons d'examiner, c'est assurément dans la forme catatonique que leur rôle est prépondérant.

Ordinairement passagers, transitoires et éphémères dans l'hébéphrénie et surtout dans la forme paranoïde l'excitation ou la stupeur peuvent persister dans la catatonie pendant des semaines, des mois et même des années. Presque toujours l'*excitation* est à la fois *intellectuelle* et *motrice* ; l'excitation intellectuelle se manifeste par une *loquacité* intarissable, consistant dans un *verbiage incohérent* où les mots s'accolent les uns aux autres sans aucune suite (salade de mots), dont certains sont *employés à contre-sens*, d'autres *déformés* (jargonaphasie), *forgés de toutes pièces* (néologismes) ou *répétés à satiété* (verbigération).

Je n'insiste pas sur ces différents troubles du langage dont Masselon et quelques autres auteurs ont publié des spécimens tout à fait typiques ; en voici cependant un exemple recueilli chez une malade de mon service, mais ce qu'il est impossible de reproduire, c'est la rapidité, la volubilité et le ton tour à tour enjoué, larmoyant, pathétique, déclamatoire, inadéquat aux idées exprimées, avec lesquels sont débitées ces enfilades de mots, qui ne parviennent à constituer que des tronçons de phrases grammaticalement correctes, mais complètement vides de sens :

France, je vous remercie, *seul* le violet pour la Légion d'honneur, Madame je vous salue ; Monsieur je vous remercie, *seuls* nous pourrons étudier *nous-mêmes*, offrir pour les Quinze-Vingts à *nous-mêmes* pour offrir la brioche pour demain. *Nous-mêmes* au nom d'un pape, je vous salue, je vous remercie, au nom d'un pape, j'ai reçu même l'héliotrope à cause de vous devant mon père. *Seule* devant moi, *seule* pour sûr du pape. *Seules* les sœurs qui nous permettaient d'y entrer, d'ici avaient des pianos. France et Anglais — (paroles incompréhensibles) — à cause d'un pape pour avoir mérité *moi-même* la légion d'honneur, nous reconnaissons l'électricité *seule moi-même* Mathilde-Léontine B..., générale devant mon père avoir reconnu les groseilles pour *moi-même* devant St-Cyr *même* avoir reçu l'Empereur pour la France, *seule* avoir remarqué *même* son pied pour l'Empereur *même* pour l'Egypte s'il veut nous la redonner avoir reconnu l'Empereur. *Même* pour un cheval, j'aime trop les chevaux, vous devez ici-*même* me *saluer moi-même* si l'on veut *moi-même*, me *saluer moi-même* pour une vierge *moi-même*, me soigner *moi-même* ici. Et *seule moi-même*, ma signature *moi-même* ne peut signer plusieurs fois *moi-même*. Mathilde-Léontine B..., générale.

Le désordre qu'on observe dans les discours des déments précoces se retrouve dans leurs *attitudes,* dans leurs *actes,* et toute *leur manière d'être (agitation motrice).*

Outre leur physionomie mobile, leurs cheveux en désordre ou disposés de façon à composer des coiffures étranges, les femmes (visées surtout dans cette description) affectent de se découvrir la poitrine et les bras, quand elles ne se montrent pas complètement nues ; elles se dressent droites sur leurs lits, l'arpentent en tous sens, grimpent sur les barreaux, inconscientes du danger, prennent des *attitudes de sphinx,* d'*athlète,* de *crucifiement,* etc., ou bien se *drapent à l'antique* dans leurs couvertures, *miment des scènes de comédie,* passent brusquement de la gaieté au désespoir, etc.

Lorsqu'à cette agitation motrice extravagante, qui peut se prolonger plusieurs semaines et plusieurs mois fait place une période de calme et de répit, les malades se *dissimulent complètement sous leurs draps, le tronc et les membres repliés sur eux-mêmes, les genoux touchant souvent le menton, la tête toujours enfouie au milieu du lit ;* elles ressemblent ainsi aux serpents de nos muséums, indifférentes au va et vient de la salle, aux visites et à tous les bruits du dehors. Malgré leur calme apparent, ces malades diffèrent totalement de celles qui sont réellement en état de dépression ou de stupeur parce que, à l'encontre de celles-ci, brusquement, instantanément, sans que rien puisse faire prévoir un pareil revirement, elles s'élancent hors de leur lit et recommencent toute la série des extravagances énumérées plus haut.

Leurs compagnes en *état de stupeur* gardent, au contraire, invariablement *la même position :* levées ou couchées, elles restent durant tout le jour *immobiles, raidies, figées,* le plus souvent dans des *attitudes pénibles* ou *fatigantes,* la *physionomie inerte, le regard vague, la tête légèrement inclinée sur le tronc,* ne reposant presque jamais sur l'oreiller, les bras ramenés le long du corps, les membres tantôt *résistants, impossibles à déplacer ;* tantôt *mous, flexibles* et *conservant les attitudes* qu'on leur donne. Insensibles à toutes les excitations extérieures, les

— 37 —

malades en état de stupeur *voient, entendent, comprennent* et cependant elles ne répondent pas aux questions et se montrent incapables d'*ouvrir la bouche*, de *tirer la langue*, de *donner la main* : souvent on constate une ébauche des mouvements nécessaires à l'accomplissement de ces actions, la face se colore, devient anxieuse ; puis ces mouvements *de reptation* s'arrêtent et le peu de terrain gagné est subitement perdu par l'arrivée d'une brusque *contraction antagoniste*. Place-t-on entre les mains d'une semblable malade un crayon, un objet quelconque, elle le laisse échapper ou le tient machinalement, sans chercher à se rendre compte de son usage, comme dans les cas d'abolition du sens stéréognostique. Cet état d'indifférence et d'incuriosité de la *main négativiste* est une confirmation de la loi de Brissaud et P. Marie ; il prouve que l'*appétit de la fonction est étroitement lié à l'intégrité de son exercice*, et que, au moins dans le *domaine de l'activité psychique supérieure la perte des moyens d'exécution peut entraîner l'oubli même de la fonction paralysée*. (DUPRÉ, in-Traité de pathologie mentale, 1903, p. 177.)

C'est à un degré beaucoup plus accentué ce qui se passe dans la maladie de Thomsen (cité par Schnyder) où d'après cet auteur « la liberté de mouvement est paralysée par la seule représentation de ce mouvement, par la pensée la plus fugitive s'y rattachant, tandis que l'absence ou la dérivation d'une sollicitation active de la pensée, une disposition d'esprit gaie, mais sans émotion, rendent à la volonté sa liberté d'action. Dans le premier cas il y aurait impossibilité absolue, quand bien même tous les trésors du monde seraient en jeu, d'exécuter un mouvement voulu, d'une manière voulue, même si ce mouvement consistait simplement à saisir une carafe à table et à s'en verser un verre d'eau [1] ».

Dans les cas de *stupeur complète*, les injonctions, les sollicitations les plus pressantes ne sont suivies d'aucune réaction motrice ou vaso-motrice. La physionomie reste *morne*, avec parfois une ébauche de rictus, mais toutes les autres parties du corps gardent une *immobilité de statue* ; on peut alors diriger contre les malades *la pointe d'un instrument tranchant*, toucher

[1]. — SCHNYDER : *La recherche du réflexe rotulien chez les névropathes*, in-Journ. de Neurologie, 1903, n° 8.

leurs *globes oculaires* avec *l'extrémité d'une aiguille* sans qu'elles donnent le moindre signe de frayeur. Seule, la *réflectivité automatique* persiste, la *psycho-réflectivité* est totalement absente. Leur impassibilité *apparente,* sinon *réelle,* est telle qu'on pourrait faire défiler devant elles un régiment, musique en tête, sans qu'elles y prêtent la moindre attention.

Il faut noter cependant que les malades en état de stupeur ne sont souvent étrangers qu'en apparence à ce qui passe autour d'eux, car dans leurs rares et courts intervalles lucides, ils témoignent quelquefois par leurs réflexions ou leurs remarques que pour avoir assisté en spectateurs muets et impassibles aux événements, ils les ont cependant connus et enregistrés.

Ces états de stupeur, comme les états d'excitation décrits plus haut s'observent — tout le monde en convient — en dehors de la démence précoce ; mais c'est dans cette affection seulement qu'ils se présentent avec le caractère de phénomènes automatiques, sans relation avec des idées délirantes ou des hallucinations et indépendamment de troubles émotionnels.

Quand on interroge, en effet, ces malades dans leurs périodes de rémission ou dans leurs intervalles lucides, sur la raison des bizarreries de leur conduite et de leurs attitudes, ou bien ils balbutient des excuses insignifiantes, ou bien ils avouent qu'il leur était impossible d'agir autrement ; mais ce qu'ils n'avouent pas, parce qu'ils ne s'en rendent pas compte, c'est qu'ils n'en avaient ni le *désir* ni la *volonté.*

Ce qui justifie encore une fois l'opinion de Séglas, que la seule explication plausible des symptômes catatoniques de la démence précoce ne doit pas être cherchée ailleurs que dans « le fond mental sur lequel ils reposent : fond commun à toutes les variétés de la maladie et caractérisé surtout par la *passivité de l'esprit, l'aboulie, la perte de l'activité intellectuelle, la lenteur des processus psychiques et l'affaiblissement progressif de la synthèse mentale* [1] ».

Signes physiques. — Je ne ferai guère que les mentionner car, malgré les minutieuses investigations dont ils ont été l'objet

1. — Séglas : *Démence précoce et Catatonie,* in-Nouv. Iconogr. de la Salpêtrière, 1902, n° 4.

depuis quelques années, les *signes physiques* de la démence précoce n'ont pas encore acquis une réelle valeur sémiologique.

Du côté de la *motilité*, on ne constate aucune modification appréciable. L'*inertie* et l'*inaction* de quelques-uns des malades, les *états d'hypertonie*, *d'hypotonie* ou *d'agitation* motrice de quelques autres, leur *impulsivité*, etc., appartiennent trop manifestement à la catégorie des *troubles d'origine psychique*, aux *myopsychies* du professeur Joffroy, pour mériter de figurer ici.

La même remarque s'applique aux altérations de la *sensibilité* ; à la vérité, les malades déprimés ou stuporeux réagissent peu ou pas aux *excitations douloureuses*, mais cette absence de réaction ne correspond pas à une *analgésie* véritable ; elle est, vraisemblablement, la conséquence de l'*esprit d'opposition* habituel à la plupart d'entre eux.

Les troubles de la *sensibilité subjective* paraissent également faire défaut chez ces sujets, ils n'accusent jamais spontanément aucun malaise ; mais il faut tenir compte de leur apathie, de leur indifférence, et peut-être y a-t-il lieu de faire quelques réserves au sujet de cette prétendue absence de manifestations douloureuses ? Quelques-uns nous ont paru éprouver des douleurs de tête paroxystiques, mais il pouvait, il est vrai, s'agir d'une simple association morbide, de migraine ou de névralgies surajoutées et indépendantes en réalité de la maladie.

Les modifications de la *réflectivité* sont beaucoup plus nettes ; presque tous les auteurs ont constaté une *exagération des réflexes tendineux*, surtout *des réflexes rotuliens* et cela principalement chez les sujets en état de stupeur ou de demi-stupeur.

D'après Sérieux et Masselon, le *réflexe du poignet* serait aussi fréquemment exagéré que le patellaire (dans 70 % des cas environ) et chez les mêmes malades (hébéphréno-catatoniques).

Quant aux *réflexes cutanés*, ils sont faibles ou abolis dans la moitié des cas (SÉRIEUX et MASSELON) ; dans mon service, le *cutané plantaire* a été trouvé diminué dans 71,4 % des cas.

L'*affaiblissement* des *réflexes lumineux* et *accomodateur* de la pupille a été observé par les mêmes auteurs dans 78 % des cas ; mais il faut noter qu'on n'a jamais constaté la *disparition* complète de ces réflexes, non plus que le *signe d'Argyll-Robertson*. La proportion des cas dans lesquels nous avons constaté un *trouble des réactions de la pupille à la lumière et à la distance* est un peu plus faible que la précédente (58,3 % pour le réflexe lumineux et 41,0 % pour le réflexe accomodateur).

D'autre part, les *dimensions* de la pupille sont très variables ; la *mydriase* s'observerait chez un peu plus des deux tiers des sujets (76,9 %), le *myosis* est exceptionnel, ainsi que l'*inégalité des diamètres pupillaires*, à la condition de ne tenir compte que des faits dans lesquels cette *inégalité* est *permanente*.

Somme toute, les modifications observées du côté des pupilles ont une signification beaucoup moins nette que dans la paralysie générale.

Ajoutons que tout récemment Dide a noté *des alternatives d'anémie* et *de congestion de la papille*, d'aspect généralement grisâtre, chez la moitié environ de ses malades, et cela, un peu plus fréquemment chez les hommes que chez les femmes.

Comparés à ceux de la paralysie générale les *troubles de la parole* peuvent être considérés comme nuls : les seules particularités susceptibles d'être notées sont la *rapidité du débit*, l'*emphase*, le ton *déclamatoire*, *théâtral* ou *puéril* des discours chez les malades excités ; au contraire, chez les malades déprimés ou stuporeux, la parole n'est émise qu'à *voix basse et indistincte* quand elle n'est pas complètement *abolie ;* même à la période terminale il n'existe pas de *dysarthrie* mais le langage des malades à cette période ne consiste souvent qu'en grognements ou en sons inarticulés.

Les *troubles sphinctériens* qui s'observent d'une façon *intermittente* à toutes les périodes de la maladie et qui deviennent *permanents* seulement à la phase de démence totale, sont liés à des *altérations de la personnalité consciente et volontaire*, beaucoup plus souvent qu'à des *lésions des centres corticaux ano-vésicaux*.

Ajoutons qu'en l'absence de complications on ne constate jamais chez les déments précoces, comme chez les déments paralytiques, une véritable *impotence* des membres inférieurs.

Les *troubles vaso-moteurs et trophiques* sont assez fréquents. Un grand nombre de négativistes présentent de la *cyanose* et du *refroidissement* permanent des extrémités; à certains moments leur visage se colore brusquement et prend l'*aspect vultueux* que l'on constate chez beaucoup de paralytiques généraux, surtout après les repas.

En outre des *œdèmes localisés* déjà signalés par Kræpelin, Dide a décrit sous le nom de *pseudo-œdème catatonique* une infiltration particulière du tissu cellulaire du dos du pied, plus fréquente chez les femmes que chez les hommes, qui débute à la racine des orteils pour se terminer autour du cou de pied

Beaucoup plus rarement observée à la face dorsale des mains, cette infiltration qui ne garde pas l'empreinte du doigt, serait liée à des troubles de la circulation cérébrale avec répercussion sur le fonctionnement de la glande thyroïde et peut-être de quelques autres glandes vasculaires sanguines [1].

Dide a encore noté chez les mêmes malades une tendance à la *formation de vésicules* sur un fond d'*aspect purpurique*. (Communication orale.)

Un trouble vaso-moteur qui mérite une plus grande attention à cause de sa grande fréquence, c'est le *dermographisme*.

Séglas, qui l'a particulièrement étudié, a constaté que, sans être rare chez les aliénés et d'une façon générale chez tous les névropathes, ce phénomène était cependant beaucoup plus commun chez les déments précoces. Avec son élève Darcanne, il l'a noté dans 66 % des cas d'hébéphrénie et de catatonie réunis, et dans 100 % des cas de catatonie pure. Cette proportion tombe à 30 % dans la démence paranoïde [2].

D'après les recherches qui ont été faites dans mon service par mon interne Maillard et par un de mes élèves, Arbinet, le dermo-

1. — Pendant la correction de ces épreuves, nous devons à l'obligeance de MM. Sérieux et Mignot communication d'un travail dans lequel ces auteurs établissent que sur 23 démentes précoces de la maison de santé de Ville-Evrard, ils en ont trouvé 7 qui ne présentaient pas de pseudo-œdème, 8 chez lesquelles les tendons extenseurs du dos du pied étaient masqués par l'abondance et la laxité du tissu cellulaire sous-cutané (sans véritable pseudo-œdème) et enfin 8 qui avaient réellement du pseudo-œdème. Sérieux et Mignot ajoutent que ce pseudo œdème s'observe en dehors de la démence précoce, dans la mélancolie, les délires systématisés, la démence sénile, la folie périodique, etc.

2. — SÉGLAS et DARCANNE : *Le dermographisme chez les aliénés*, in-Ann. Méd. Psych., 1902, n° 1.

graphisme (avec ou sans relief) existe dans 93 % des cas de démence précoce sans distinction de formes.

Séglas a également observé chez un certain nombre de ses malades des *alternatives d'engraissement* et *d'amaigrissement rapides*, qui surviennent sans cause appréciable et sans rapport saisissable avec l'évolution de l'état mental ; nous avons fait la même remarque.

Les *troubles de la menstruation* sont très fréquents ; d'après Massolon, pendant la période aiguë de la maladie, les règles sont, en général, complètement supprimées.

L'examen des différents *liquides* ou *humeurs* de l'organisme a fourni également quelques résultats intéressants.

Dide et Chenais ont pratiqué la *numération des globules blancs du sang* ; ils ont trouvé les *polynucléaires diminués* dans 8 cas, *normaux* dans 9, et *augmentés* dans 4 cas ; un résultat plus net a consisté dans l'*augmentation du nombre des éosinophiles* (12 cas), qui s'est élevé à 3,4 au lieu de 1 %.

En ce qui concerne le *liquide céphalo-rachidien*, Dupré et Devaux, Séglas et Nageotte ont démontré l'*absence de lymphocytose* et de réaction albumineuse, contrairement à ce qui s'observe chez les paralytiques généraux ; ici encore quelques réserves s'imposent. Chez 2 ou 3 malades de la Salpêtrière, le liquide céphalo-rachidien contenait un assez grand nombre d'éléments figurés.

L'*urine* des déments précoces ne contient habituellement ni *sucre*, ni *albumine*, ni aucune substance anormale ; mais on observe des modifications assez importantes de sa *composition* et de la *diurèse*.

Chez une femme catatonique, Crocq a constaté une *diminution de la quantité des urines* (900 à 800 gr. par 24 heures), une *augmentation de sa densité*, une *hyperchlorurie considérable* (18 à 28 gr.), une *hypophosphaturie notable* et une *diminution* très marquée de l'*élimination de l'urée* [1].

Dide et Chenais, dont les recherches ont porté sur les urines

1. — Crocq : *Consid. sur la Catatonie*, Bull. de la Soc. de méd. ment. de Belgique, 1902, p. 206.

de 18 déments précoces (11 hommes et 7 femmes), ont également observé une *diminution de la quantité des urines* avec augmentation *de leur densité* et une *diminution très nette de l'urée.* Quant à la *teneur* des urines en *phosphates* et en *chlorures,* évaluée par 24 heures et non ramenée au litre, elle était ou *normale* ou *voisine* de la normale.

D'après Dide la *diminution de la quantité des urines* s'observerait surtout chez les *négativistes* et serait remplacée par de la *polyurie* chez les *excités catatoniques.* (Communic. orale.)

Sur 18 malades femmes de mon service, les recherches urologiques faites par mes internes Maillard et Monnier et renouvelées plusieurs fois sur chacune d'elles, ont donné des résultats un peu différents. Pour ces auteurs la *quantité d'urine* émise en 24 heures est *notablement diminuée ;* dans les 2/3 des cas elle a oscillé de 400 à 600 gr. par jour.

Chez plus de la moitié des malades la *densité des urines* a été trouvée *supérieure* à 1023 ; elle a atteint une fois 1034.

La *quantité d'urée* excrétée *dans les 24 heures* a varié de 6 à 12 gr. (au lieu de 25 à 30 gr. chiffre normal); celle des *phosphates* de 0 gr. 80 à 1 gr. 80 (au lieu de 2 gr. 50 à 3 gr.); celle des *chlorures* de 7 gr. 74 à 10 gr. (au lieu de 12 à 14 gr.).

Ajoutons que des analyses comparatives faites sur un certain nombre de malades, non démentes précoces, placées dans la même salle, soumises au même régime alimentaire et vivant dans les mêmes conditions, ont fourni des résultats complètement différents.

Il semble donc, d'après ces auteurs, qu'il y ait réellement une *formule urinaire de la démence précoce,* caractérisée à la fois par de l'*hypoazoturie,* de l'*hypophosphaturie* et une légère *hypochlorurie ;* mais il est probable que cette formule n'est pas toujours la même aux différentes périodes de la maladie et c'est peut-être là qu'il faut chercher la cause des résultats un peu divergents obtenus jusqu'ici par les expérimentateurs.

Ajoutons, pour en finir avec les modifications de la fonction rénale que, dans ces derniers temps, d'Ormea et Magiotto ont fait connaître les résultats de leurs recherches sur l'état de la perméabilité du rein.

D'après ces auteurs, l'*élimination du bleu de méthylène est toujours retardée;* l'urine n'est colorée d'une façon très intense que vers la 8ᵉ ou la 12ᵉ heure et ne cesse de l'être qu'après la 100ᵉ ou la 130ᵉ heure. La courbe est polycyclique et discontinue.

Dans les formes hébéphréniques l'élimination s'éloigne moins de l'état normal que dans les deux autres variétés de démence précoce.

Dans la forme paranoïde, le début de l'élimination est assez rapide, mais sa durée est prolongée. Dans la catatonie il y a retard à la fois du début et de la fin de l'élimination.

Pour les mêmes auteurs *l'élimination de l'iodure de potassium* par l'urine et la salive des déments précoces subit aussi un certain *retard ;* celui-ci est plus marqué chez les catatoniques et les paranoïdes que chez les hébéphréniques[1].

Mes internes Maillard et Monnier ont également étudié l'état de la perméabilité du rein au moyen des injections de bleu chez plusieurs malades de mon service. Ils ont constaté : 1° le *retard de l'apparition du bleu* dans les urines ; 2° le *retard du moment de l'élimination maxima ;* 3° la *prolongation de l'élimination.* Ces résultats sont sensiblement concordants avec ceux des auteurs italiens.

Le tableau ci-après indique le degré de fréquence de quelques autres signes somatiques de moindre importance.

Les signes physiques que nous venons de passer en revue sont notablement plus fréquents et plus accusés dans les formes catatoniques et hébéphréniques de la démence précoce que dans la forme paranoïde. Ils appartiennent surtout à la période d'état de la maladie et diminuent en nombre et en intensité à la période terminale (SÉRIEUX et MASSELON).

Leur valeur siméologique est encore actuellement difficile à préciser ; il semble bien cependant, d'après l'étude comparative qui a été faite de ces mêmes signes dans quelques autres formes d'aliénation mentale qu'ils sont plus nombreux et plus accusés dans la démence précoce que dans les autres psychoses ; mais il faut reconnaître qu'aucun d'eux, pris isolément, ne peut être considéré comme pathognomonique et que c'est seulement par leur réunion et leur permanence qu'ils peuvent apporter une utile contribution au diagnostic.

1. — D'ORMEA et MAGIOTTO : *Recherches sur les échanges organiques chez les déments précoces analysés,* in-Revue de Neurologie, 15 mai 1904.

CHAPITRE IV

Étude anatomo-pathologique.

Si la démence précoce est aujourd'hui nettement caractérisée au point de vue clinique, il n'en est pas encore de même au point de vue anatomique.

La pénurie de documents relatifs aux lésions de la démence précoce n'a rien du reste qui puisse surprendre étant donné, d'une part, le peu de temps depuis lequel l'attention est attirée sur cette affection envisagée comme une entité morbide et, d'autre part, la longue survie des malades dont on n'a que rarement l'occasion de faire l'autopsie.

Laissant de côté les constatations anatomiques déjà anciennes de Hecker, de Kahlbaum et de quelques autres auteurs, dont on trouvera la relation dans toutes les monographies de la démence précoce, nous emprunterons à l'important travail de Klippel et Lhermitte [1], paru au commencement de cette année, les principaux éléments de cette étude anatomo-pathologique.

Voici d'abord, d'après ces auteurs, les renseignements fournis par *l'examen macroscopique* des centres nerveux :

Les *méninges* crâniennes présentent leur coloration et leur épaisseur normales ; la *pie-mère* s'enlève facilement sur toute la surface du cortex. Cette intégrité des méninges était déjà établie cliniquement par l'absence habituelle d'éléments figurés dans le liquide céphalo-rachidien. Les *vaisseaux* de la base du *crâne* ne sont le siège d'aucune altération appréciable.

Le *cerveau*, dans son ensemble, offre sa configuration normale, sauf quelques modifications morphologiques des sillons et des circonvolutions qui sont généralement grêles et comme atrophiées.

Les *ventricules* ne sont pas dilatés et les parois en sont lisses ; d'après L. Marchand, au contraire, les *ventricules latéraux* sont augmentés de volume dans toutes les démences sans exception,

1. — KLIPPEL et LHERMITTE : *Démence précoce, anatomie pathologique et pathogénie*, in-Rev. de Psychiatrie, 1905, n° 4.

mais à un degré plus prononcé dans les démences paralytique
et sénile. Pour cet auteur, l'ampliation des ventricules latéraux
associée à une diminution de poids du cerveau, serait un des
meilleurs signes macroscopiques des démences [1].

Chez deux malades, un homme et une femme, le *cervelet* a été
trouvé manifestement asymétrique : le lobe *droit* dans un cas,
le lobe *gauche* dans l'autre, était notablement plus petit que son
congénère.

Les *méninges rachidiennes* et la *moelle*, dans les cas où ces
organes ont pû être examinés, ne présentaient aucune altération.

Les *lésions histologiques*, sans être encore décisives, sont
beaucoup plus importantes : elles ont été observées à l'aide des
nouvelles méthodes actuellement en usage pour les recherches
de neuropathologie : méthode de Nissl, de Veigert, de Pal, etc.
Pour mieux préciser les éléments trouvés parfois autour des
vaisseaux ou dans leur lumière, on a eu recours à des colorants
hématologiques spéciaux, triacide d'Erlich, éosine-orange, bleu
de toluidine, etc.

Enfin, dans le but de rendre plus apparentes les modifications
volumétriques des cellules centrales dans les diverses parties
de l'écorce, on a mesuré à l'aide du dessin à la chambre claire de
Malassez une centaine de cellules dans chacune des zones motrices ou des zones d'associations principales.

C'est avec ces méthodes et ces procédés perfectionnés de
recherches, que Klippel et Lhermitte ont examiné les centres
nerveux et quelques autres organes de quatre déments précoces
(trois femmes et un homme), tous arrivés à la période d'état de
la maladie.

Une de ces démentes a succombé à une tuberculose pulmo-
naire à marche rapide à 26 ans. Une autre a été trouvée morte
dans son lit, elle avait 23 ans. La troisième malade du sexe
féminin a été emportée par une broncho-pneumonie à 25 ans.
Le quatrième cas est relatif à un jeune homme de 19 ans, dont
l'observation a été publiée par L. Marchand sous le nom de *paralysie générale juvénile* [2].

1. — L. MARCHAND : *Considér. sur l'ampliation des ventricules latéraux
dans les maladies mentales*, in-Journ. de Neurologie, 1901, n° 4.
2. — L. MARCHAND : *Un cas de paralysie générale juvénile*, In-Ann. Méd.
Psych., n° Mai-Juin, 1900.

Voici les principales constatations histopathologiques qui ont été faites chez ces différents sujets.

Les *méninges* et les *vaisseaux* de l'encéphale doivent d'abord être mis complètement hors de cause. Dans aucun cas, sur aucun point, le tissu des méninges ne présentait la moindre altération. Nulle part il n'existait de *lésions inflammatoires* ou *diapédètiques* de la paroi des vaisseaux.

Dans *un cas* seulement, disent Klippel et Lhermitte, nous avons constaté une *prolifération de la névroglie* en des points circonscrits et limités et voici la description qu'ils en donnent : « Le fait le plus particulier consiste dans l'abondance, autour des vaisseaux, de cellules rondes dont le noyau se teinte fortement par les colorants basiques et dont le protoplasma est presque invisible. Ces cellules rondes siègent, non point dans la paroi vasculaire ou dans sa gaine lymphatique, mais à une certaine distance, au milieu de l'intrication des fibrilles nerveuses. Également autour de quelques grandes cellules pyramidales se rencontrent, en plus ou moins grand nombre, ces éléments ; on en compte en moyenne 3 à 4 autour d'une cellule. Certains siègent dans l'espace clair bordant le corps cellulaire, d'autres sont *comme à cheval sur l'un de ses bords, de très rares lui sont superposés.* » (Obs. II, p. 56.)

Nous ferons remarquer que dans l'Obs. I, p. 51, les auteurs avaient déjà noté la présence des mêmes éléments ronds à noyau fortement coloré autour des cellules du corps strié. « Quelques-uns de ces éléments, disent-ils, se trouvent dans l'espace clair qui sépare les cellules, des fibres environnantes, d'autres *échancrent son protoplasma, quelques autres, enfin, lui sont superposés.* »

Par contre, chez les quatre sujets, les *lésions dans l'encéphale et dans la moelle étaient localisées aux neurones.*

Pour être *diffuses,* ces lésions siégeaient exclusivement sur les *centres d'associations.* Les *neurones des centres de projections* étaient en général intacts.

Dans les centres d'associations les lésions intéressaient presque uniquement les *grandes cellules pyramidales,* modifiées à la fois dans *leurs dimensions* et dans *leur structure.*

Au niveau des *circonvolutions frontales, temporales, parié-*

tales et *occipitales*, ces grandes cellules étaient remplacées par des éléments de même forme, mais notablement plus petits.

Les coupes pratiquées dans les *régions motrices* de l'écorce montraient, au contraire, que le volume des grandes cellules était demeuré à peu près normal.

A côté de ces *altérations morphologiques* des cellules, il en existe d'autres plus importantes, intéressant leurs principaux *éléments constitutifs*.

Le *protoplasma* est granuleux et surchargé de pigment jaune ; le *noyau* déplacé vers la périphérie apparaît tantôt avec son enveloppe normale, tantôt avec une membrane plissée et déformée. Le nucléole est ordinairement bien visible et cintrant assez exactement le noyau ; dans un cas il était divisé en deux parties inégales et accolé à la membrane nucléaire.

Signalons encore pour terminer l'exposé des constatations faites par Klippel et Lhermitte, l'existence chez un de leurs malades d'une *dégénérescence graisseuse du foie*, chez un autre d'une *hémorrhagie de la capsule surrénale*, lésions que les auteurs croient devoir attribuer à la maladie intercurrente, cause de la mort.

Faisons remarquer cependant que la *stéatose totale du foie* a été également observée par Dide chez plusieurs déments précoces.

Quoiqu'il en soit, les seules lésions qui, d'après Klippel et Lhermitte, appartiennent en propre à la démence précoce, sont une *atrophie prononcée des grandes cellules pyramidales des lobes frontaux, temporaux, pariétaux et occipitaux* et une *chromatolyse diffuse de ces mêmes cellules*.

De ces deux lésions c'est à la seconde qu'appartient le rôle prépondérant puisque « l'atrophie des cellules n'est due qu'en partie à l'atteinte directe du neurone (par l'agent pathogène) et qu'elle reconnaît encore pour cause l'arrêt de développement qui en a été la conséquence ».

Quant à la *prolifération de la névroglie* qui a été observée sous la forme d'*éléments ronds à noyau fortement coloré péri-vasculaires et péri-cellulaires*, elle ne représente, d'après les auteurs, qu'une *lésion accessoire, négligeable*, pouvant s'expliquer par l'étroite parenté histogénétique de la névroglie et de la cellule nerveuse.

Nous ferons remarquer immédiatement, que les lésions du cortex rencontrées par Klippel et Lhermitte dans ces quatre cas de démence précoce, sont absolument superposables à celles qui ont été précédemment signalées par Gilbert Ballet dans un cas de *confusion mentale* et dans un cas de *psychose polynévritique*. Dans ces différents ordres de faits (psychose polynévritique et confusion mentale d'une part, démence précoce de l'autre) on note *la même intégrité des méninges et des vaisseaux, la même absence de lésions notables de la névroglie, la même localisation du processus à la cellule nerveuse* dont les angles sont arrondis, les prolongements plus grêles, le protoplasma granuleux, le noyau excentriquement déplacé, etc. [1]. Nous examinerons un peu plus loin, quelles conclusions il convient de tirer de ce rapprochement.

Pour le moment, nous nous bornerons à faire remarquer, que contrairement à ce qui se passe dans les autres démences (paralytique, sénile, toxi-infectieuse, etc.) où l'on voit *tous les tissus de l'encéphale (neurone, névroglie, leucocytes, endothéliums vasculaires, cellules conjonctives) entrer en réaction sous l'influence de l'agent pathogène;* dans la démence précoce, d'après Klippel et Lhermitte, les *altérations porteraient uniquement sur le neurone, à l'exclusion de tous les autres tissus de l'encéphale.*

C'est sur cette différence de *localisation des lésions* que ces auteurs se sont appuyés pour établir une distinction fondamentale entre les *délires* et les *démences dites organiques* (à lésions portant sur l'ensemble des tissus de l'encéphale), et les *délires* et les *démences dites vésaniques* (à lésions exclusives du neurone) et faire rentrer la *démence précoce* dans cette seconde variété d'états démentiels.

Avant d'admettre cette distinction, il est nécessaire de savoir si le caractère anatomique qui lui sert de base, est un critérium assez solidement établi, pour qu'on lui accorde une portée aussi générale. Pour cela, il nous faut revenir un peu en arrière et passer en revue les opinions des auteurs qui se sont occupés de la question.

[1]. — GILBERT BALLET : *Lésions de l'écorce cérébrale dans la confusion mentale et la psychose polynévritique.* Semaine médicale, 1898, pp. 102 et 284.

Nous rappellerons d'abord qu'en 1895, au Congrès des aliénistes et neurologistes de Bordeaux, A. Voisin a signalé l'existence dans la folie vésanique d'altérations cellulaires analogues, sinon identiques, à celles que viennent de décrire Klippel et Lhermitte.

Dans trois cas de lypémanie chronique cet auteur a trouvé au niveau de la substance grise des circonvolutions frontales beaucoup de *cellules atrophiées, pigmentées et graisseuses*, à côté d'autres cellules saines.

Ces altérations sont très visibles sur les dessins qui ont été publiés de ses préparations [1].

Alzheimer, dans des cas aigus de catatonie, a également constaté des *altérations graves des cellules de l'écorce*, surtout au niveau des couches profondes : tuméfaction notable des noyaux, plissement de leur membrane, corps cellulaire rétracté en voie de destruction, néoformation de fibrilles névrogliques qui entourent les cellules. Nissl, d'autre part, dans des cas à évolution chronique, a noté des *modifications profondes des cellules* qu'il a décrites sous le nom de « destruction du noyau ». Un nombre assez considérable de cellules paraissent détruites mais il n'y a pas d'atrophie de l'écorce. Les couches profondes renferment des *cellules névrogliques, nombreuses et grandes*, en voie de régression. L'écorce est, en outre, parsemée de *gros noyaux de névroglie*, peu colorés, entourant les cellules malades ; *quelques-uns les ont même envahies* (Sérieux).

De ces constatations, Nissl tire la conclusion que la distinction des *psychoses* dénommées *fonctionnelles* et des *psychoses organiques* n'a aucun sens. Il a étudié les centres nerveux d'individus atteints de *psychoses fonctionnelles* et toujours il a trouvé un *fondement anatomique* consistant surtout en phénomènes de gliose, en lésions des vaisseaux sanguins et lymphatiques et en une *action phagocytaire* de certaines cellules.

Enfin, en 1902, Bridier, élève du Pr Pierret, a également conclu de l'étude anatomo-pathologique de 10 cas de démences chroniques, que la *démence cliniquement constatée s'accompagne toujours de lésions matérielles* : ces altérations peuvent être rangées

1. — A. Voisin : *Altérations des cellules cérébrales dans la folie vésanique et dans la paralysie générale des aliénés.* Congrès des Médecins aliénistes et neurologistes. Bordeaux, 1895.

en trois groupes, suivant qu'elles atteignent les *cellules nerveu-ses*, *le tissu de soutien et les vaisseaux* [1].

Du côté des *cellules nerveuses* cet auteur a constaté des *lésions de dégénérescence graisseuse et pigmentaire*, la *chromatolyse centrale*, les *indentations* réelles ou simulées par les *leucocytes* qui ne feraient que déprimer le corps de la cellule, la *perte des prolongements*, le *gonflement du noyau* qui devient excentri-que, se vacuolise, se colore plus intensément, tandis que le *nucléole* persiste jusqu'à la fin ; puis l'*atrophie de la cellule* réduite à un bloc granuleux ou cachée sous des amas de noyaux qui figurent encore son aspect ancien.

Du côté du tissu interstitiel il a noté des *proliférations névro-gliques* qui enserrent la cellule nerveuse et prennent un dévelop-pement d'autant plus considérable, que celle-ci *s'atrophie* davan-tage. D'autre part, les *éléments migrateurs* subissent une aug-mentation de nombre toujours notable.

Nous croyons intéressant, dit Bridier, de signaler ce fait qu'ils semblent plus nombreux dans les couches profondes du cortex, contre la substance blanche et qu'ils paraissent diminuer à mesure qu'on s'élève vers la surface des circonvolutions, ainsi qu'un *courant qui serait chargé de balayer les déchets cellulai-res et de les transporter par les méninges dans les voies de dégagement de l'encéphale.*

Les *vaisseaux* présentent également des altérations portées à leur maximum dans les *démences séniles* et *paralytiques*, mais existant également dans les *démences vésaniques anciennes.*

Signalons encore la *raréfaction des fibres tangentielles du réseau d'Exner ;* aussi Bridier déclare-t-il accepter sans restric-tion la conclusion de Nissl : « Dans le cerveau d'individus atteints de *psychoses fonctionnelles* on pourra toujours trouver un *fon-dement anatomique* » et il ajoute « qu'on ne peut plus continuer, en se fondant sur l'insuffisance de nos connaissances anatomi-ques, à établir une différence entre les démences *organiques* et les démences *vésaniques* ». Conclusion diamétralement opposée, comme on le voit, à celle que Klippel et Lhermitte ont tirée de leurs constatations anatomo-pathologiques et qui se trouve encore renforcée du fait que dans un cas de *démence précoce*,

1. — BRIDIER : *Anat. Path. des démences.* Th. Lyon, 1902, p. 80.

Bridier a constaté, indépendamment d'une raréfaction et d'une surcharge en pigment des grandes cellules pyramidales, *une infiltration des substances blanche et grise des circonvolutions par des noyaux ronds ou allongés, disposés en traînées le long des vaisseaux et des fibres et empiétant parfois sur les corps cellulaires.*

Nous sommes donc en présence de deux opinions contradictoires : 1° celle de Klippel et Lhermitte qui, en se basant sur la localisation différente des lésions, continuent à admettre l'ancienne division des *démences organiques* et des *démences vésaniques* ; 2° celle d'Alzheimer, de Nissl, de Bridier et du professeur Pierret qui, en se fondant au contraire sur l'identité de siège et de nature des lésions dans tous les processus démentiels et sur leur généralisation à tous les tissus de l'encéphale indistinctement, quoiqu'à des degrés divers, ne reconnaissent pour légitimes que les seules *démences organiques*.

Avant de prendre parti pour l'une ou l'autre de ces théories, il est indispensable de jeter un coup d'œil sur les principales conditions étiologiques que l'expérience a permis de relever dans les antécédents des déments précoces.

CHAPITRE V

Étude Étiologique.

Avant de passer en revue les causes présumées de la démence précoce et d'étudier leur mode d'action, nous dirons quelques mots de la *fréquence* de cette affection.

D'après Kræpelin, la démence précoce, en y faisant rentrer les délires systématisés hallucinatoires, fournit 14 à 15 % du total des admissions. Sérieux donne des chiffres encore plus élevés, puisqu'après élimination des délires systématisés, il a trouvé à Ville-Evrard 14 % pour les femmes et 12 % pour les hommes.

D'autre part, le pourcentage établi sur le total des malades existant à une date donnée, a fourni au même auteur les proportions suivantes : hommes, 33 % ; femmes, 40 %. Ces chiffres paraîtront sans doute considérables, mais Sérieux a soin de faire remarquer qu'ils ne peuvent être comparés avec ceux qu'on obtiendrait dans un service d'aliénés du régime commun, divers facteurs intervenant pour augmenter au pensionnat de Ville-Evrard le nombre des déments précoces [1].

A la colonie de Gheel, au contraire, la sélection agissant sans doute en sens inverse, le Dr Meeus ne trouve plus que 40 déments précoces (24 hommes et 16 femmes) sur 383 aliénés, soit une proportion de 10,4 %.

D'après Levi-Bianchini, la démence précoce représente le 28 % de la population dans les asiles : 18,8 % chez les hommes, 14,2 % chez les femmes.

Enfin, Séglas, à Bicêtre, sur 220 hommes, trouve la proportion de 19,60 % (y compris les délires systématisés hallucinatoires) et celle de 13,72 % (défalcation faite de ces délires). De

---

1. — Sérieux : *La démence précoce*, In-Revue de Psychiâtrie, juin 1902.

mon côté, à la Salpêtrière, sur un nombre à peu près égal de femmes (210), j'ai constaté le chiffre de 21,4 % (délires systématisés compris).

Nous croyons que sans avoir une valeur absolue, ces derniers chiffres, qui ne représentent qu'une proportion sur un total de population et non un rapport avec les autres formes d'aliénation, sont ceux qui se rapprochent le plus de la vérité, et que d'une façon générale, on peut évaluer le nombre des cas de démence précoce, telle que la comprend Kræpelin, au quart environ de la population des asiles.

Age. — Ainsi que l'indique son nom, la démence précoce frappe surtout les jeunes sujets, mais elle ne leur est pas exclusive. Kræpelin et Trömmer admettent que la catatonie peut se développer à l'âge adulte et même à la ménopause. (SCHRÖDER). La même remarque s'applique aux formes paranoïdes (LEVI-BIANCHINI, WEYGANDT). Il y a donc lieu d'établir une distinction, au point de vue de l'âge où elles débutent, entre les trois grandes variétés de démence précoce ; mais, cette réserve faite, il n'en reste pas moins que le plus grand nombre des cas de cette affection appartient à l'adolescence et, par conséquent, que c'est à bon droit qu'elle a été qualifiée de *précoce*.

En effet, sur 296 cas observés par Kræpelin, 60 % ont débuté avant 25 ans. A la Salpêtrière, sur une statistique il est vrai beaucoup plus réduite de 45 cas, j'en ai trouvé 36 ayant commencé avant 25 ans, soit une proportion de 80 %.

Meeus, à Gheel, sur 47 cas on compte 38 qui se sont déclarés avant 25 ans, 2 de 25 à 29 ans, et 7 après 30 ans révolus, ce qui donne le chiffre de 85 % pour les cas ayant fait leur apparition avant la 25ᵐᵉ année.

La période de la vie de beaucoup la plus favorable à l'éclosion de la maladie est donc de 15 à 30 ans, comme le montrent encore les graphiques suivants, dressés par Bertschinger, Sérieux et Evensen.

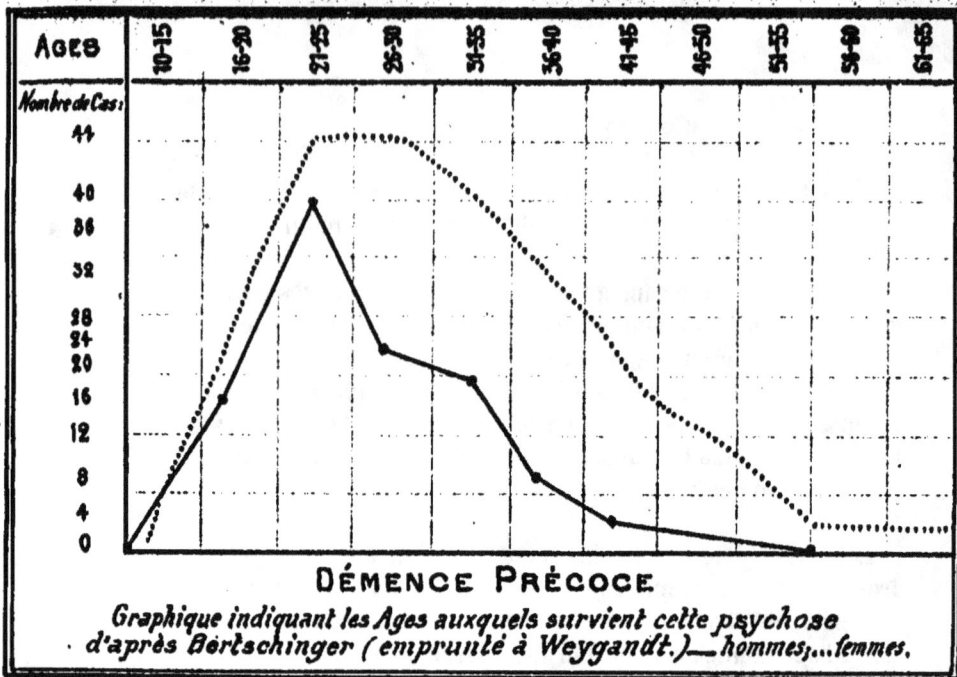

AGES	10-15	16-20	21-25	26-30	31-35	36-40	41-45	46-50	51-55	56-60	61-65

Nombre de Cas:
44
40
36
32
28
24
20
16
12
8
4
0

DÉMENCE PRÉCOCE

Graphique indiquant les Ages auxquels survient cette psychose
d'après Bertschinger (emprunté à Weygandt.) ___ hommes, ... femmes.

STATISTIQUE DU Dʳ SÉRIEUX (50 cas).
Pensionnat de Ville-Évrard.

STATISTIQUE DU Dʳ EVENSEN (65 cas.).
(Asile de Trondhjeïm.)

Nombre de cas

30

25

20

20

15

15

10

10

5

5

Sexe. — L'influence du *sexe* sur le développement de la démence précoce est très discutée, parce que, pour beaucoup d'auteurs, cette question reste subordonnée à la théorie pathogénique qu'ils adoptent.

C'est ainsi que Christian et Marro, qui font jouer un rôle important au surmenage scolaire (plus communément observé chez les garçons que chez les filles), admettent que la maladie est plus fréquente chez les sujets du sexe masculin.

Au contraire, Hecker, Maudsley, Wille, Ball, etc., qui considèrent la puberté comme un des principaux facteurs de la démence précoce, soutiennent que cette affection est plus rare chez les garçons, parce que les modifications imprimées à l'organisme par l'évolution pubérale sont moins considérables chez eux que chez les jeunes filles.

D'après Meeus, la démence précoce débutant à l'âge adulte serait plus fréquente dans le sexe féminin ; par contre, quand la maladie se montre avant la vingt-cinquième année, elle frapperait surtout le sexe masculin (24 hommes pour 16 femmes).

Nous croyons qu'en réalité les sujets des deux sexes sont à peu près également exposés à cette affection et, ce qui semble le prouver, c'est que Séglas, à Bicêtre (dans un service d'hommes), a trouvé un nombre de déments précoces, très rapproché de celui que j'ai constaté moi-même à la Salpêtrière dans un service composé uniquement de femmes (38 à Bicêtre, 48 à la Salpêtrière) ; or, ces deux services sont absolument comparables tant par le chiffre de leur population que par celui de leur mode de recrutement.

Hérédité. — L'*hérédité névro-psychopathique* est une condition étiologique générale qui domine toute la pathologie mentale et nerveuse. Il est donc naturel qu'on la rencontre à l'origine de la démence précoce comme à celle de toutes les autres psychoses, mais il existe d'assez grandes divergences d'opinions entre les auteurs sur son degré de fréquence, et comme corollaire, sur le rôle qu'il convient de lui attribuer dans la genèse de la maladie. Le chiffre le plus faible est celui de Claus (30 %), puis celui de Christian (43 %) : le plus élevé appartient à Ziehen (80 %). Entre ces chiffres extrêmes viennent se placer ceux de Mucha (75 %) et de Kræpelin (70 %). Elmiger signale seulement une certaine *prédisposition constitutionnelle* dans 61 % des cas chez les garçons et dans 64 % chez les filles. Bien que nous n'ayons pas noté une hérédité névro-psychopatique manifeste dans plus *de la moitié de nos cas*, nous croyons — en admettant comme positifs ceux où les renseignements sont insuffisants — pouvoir considérer les chiffres de Mucha et de Krœpelin comme très voisins de la vérité.

Quant à la fréquence des maladies *diathésiques, infectieuses* ou *toxiques* dans l'ascendance des déments précoces, elle est probablement assez élevée sans que nous puissions ni fournir de chiffres à cet égard, ni préciser le rôle de ces affections. D'après Lévi-Bianchini [1] l'*hérédité tuberculeuse, syphilitique, alcoolique*, etc., existerait dans 11 % des cas seulement. Les *stigmates* de l'*hérédo-syphilis*, dit encore Claus, sont rares chez les déments précoces.

L'*hérédité similaire* niée par certains auteurs (CHRISTIAN) est, au contraire, affirmée par d'autres (WEYGANDT) ; personnellement nous n'en avons pas observé d'exemple.

Il nous est difficile, à propos de l'hérédité, de ne pas dire un mot des *stigmates physiques de dégénérescence*. Nous nous bornerons à faire remarquer que, de l'avis unanime des auteurs, ces prétendus stigmates sont *l'exception* chez les déments précoces. Citer des chiffres à ce propos nous paraît bien inutile, depuis que partisans et adversaires de la théorie de la dégénérescence se sont mis d'accord pour admettre, les uns que l'*absence des stigmates physiques n'était pas exclusive de la notion de dégénérescence*, les autres *que ces stigmates pouvaient se rencontrer chez des individus sains et normaux avec la même fréquence que chez les individus dégénérés, et que le nombre des sujets non dégénérés porteurs de ces anomalies, était beaucoup plus grand que celui des dégénérés* [2].

Nous aurons du reste l'occasion de revenir sur cette question lorsque nous nous occuperons de la pathogénie de la démence

---

1. — LÉVI-BIANCHINI : *Age et hérédité dans la démence précoce.* (Riv. sperim. di frenatria e medicina, 1903, p. 558.)

2. — Voir à ce sujet GARNIER : *Dégénérescence et Criminalité,* in-Bul. Méd. 1903, n° 3, et RABAUD : *Les stigmates anatomiques de la dégénérescence mentale,* in-Rev. d'anthropologie, février 1904.

précoce ; nous réservons également pour ce moment l'examen du *niveau mental* des sujets atteints de cette affection.

A côté des *causes prédisposantes, inhérentes à l'individu* (hérédité, sexe, âge, etc.), que nous venons de mentionner, il faut vraisemblablement ranger à titre d'agents pouvant réaliser une sorte de *prédisposition accidentelle ou acquise*, les *maladies infectieuses de l'enfance* (rougeole, scarlatine, diphtérie), *les mauvaises conditions hygiéniques, la fièvre typhoïde, la grippe*, etc., si fréquemment enregistrées dans les antécédents des malades, mais sur l'influence desquelles nous manquons encore de données précises. La *syphilis* est complètement étrangère au développement de la démence précoce et la même remarque s'applique aux *intoxications* d'*origine externe*, en particulier à l'*alcoolisme*.

Indépendamment des causes purement prédisposantes précédemment signalées, il y en a un certain nombre d'autres auxquelles on a voulu faire jouer un rôle dans la genèse de la démence précoce et que nous ne retiendrons pas, les unes, parce qu'elles sont tombées dans un discrédit à peu près complet comme *l'onanisme*, la *continence forcée*, etc., les autres parce que leur action ne repose que sur des observations isolées. A cette dernière catégorie appartiennent sans doute les *traumatismes crâniens* signalés par von Muralt [1] comme la cause habituelle de la catatonie. Kræpelin fait remarquer avec raison que les blessures de la tête sont trop fréquentes chez les enfants pour pouvoir être sérieusement invoquées comme une cause de la démence précoce.

Nous en dirons autant des *insolations* notées deux fois dans les antécédents de nos malades.

L'emprisonnement cellulaire a été également mis au nombre des moments favorables au développement de la démence précoce. Rudin, cité par Sérieux, a constaté que sur 94 cas de *psychoses des détenus*, plus de la moitié (55%) appartenait à la catatonie. De nouvelles recherches seraient nécessaires pour établir le bien-fondé de ces observations.

En terminant, nous mentionnerons seulement, nous réservant

1. — Von Muralt : *Catatonie et traumatismes crâniens*. Allg. Zeitsch. f. Psych. 1900 et analysé in-Bullet. de la Soc. de Méd. ment. de Belgique, 1900, p. 311.

de les discuter dans le prochain chapitre, la série des causes auxquelles serait dévolue une *action* véritablement *pathogène*. Nous voulons parler des *fatigues physiques et morales*, du *surmenage*, de *l'épuisement* et, d'une façon générale, de toutes les perturbations nutritives en rapport avec la *puberté, la puerpéralité, la lactation*, certaines *maladies graves*, etc.

Le lien qui permettrait de rapprocher toutes ces causes et de les réunir en un seul faisceau, c'est qu'elles auraient pour caractère commun d'agir à la faveur de la production ou de la rétention d'un poison d'origine cellulaire, c'est-à-dire d'une *auto-intoxication*.

Il y a déjà une dizaine d'années que Régis[1] a appelé l'attention sur le rôle des auto-intoxica⸱ ⸱ dans le développement des psychoses, et ses recherches ont été appuyées depuis par un trop grand nombre d'observateurs, pour ne pas être prises en sérieuse considération.

Il est certain, d'autre part, qu'il existe de très grandes analogies entre le tableau clinique de la démence précoce et les états de confusion, de torpeur et d'onirisme qui caractérisent les psychoses toxi-infectieuses, et que l'origine auto-toxique de cette affection est rendue par là très vraisemblable.

Il est non moins certain que les relations qui existent, dans un très grand nombre de cas, entre la démence précoce, la *puberté, les troubles menstruels, l'état puerpéral*, etc., militent en faveur d'une *auto-intoxication d'origine sexuelle*. C'est l'opinion qui a été soutenue par Krœpelin et qui a été adoptée après lui par un certain nombre d'auteurs.

Mais comme la démence précoce ne se développe pas toujours au moment de la puberté, que les troubles menstruels qui l'accompagnent, à la vérité souvent, ne sont pas constants, qu'ils peuvent être l'effet de la maladie aussi bien que sa cause, on a été obligé d'admettre l'intervention d'autres auto-intoxications que celles qui sont liées aux troubles des organes de la reproduction, par exemple les *auto-intoxications d'origine gastro-intestinale*, celles dues à l'*insuffisance des fonctions hépatiques et rénales* et peut-être aussi l'*intoxication d'origine thyroïdienne*. (SÉRIEUX, O. GROSS.)

1. — Régis : *Des auto-intoxications dans les maladies mentales*. (Congrès des Médecins aliénistes, 1893.)

Ces hypothèses seront discutées plus loin mais, d'ores et déjà, on voudra bien remarquer que sous la multiplicité, plus apparente que réelle, de ces auto-intoxications, se dissimule peut-être un seul et unique processus, réalisant ainsi une étiologie *spéciale,* sinon véritablement *spécifique,* de la démence précoce.

———

CHAPITRE VI

Nature et Pathogénie de la Démence précoce.

Il nous faut aborder maintenant le problème très ardu de la nature et la pathogénie de la démence précoce qui a été la raison d'être de ce Rapport.

Les termes de ce problème nous sont déjà connus et la façon dont ils ont été posés par Gilbert Ballet ne laisse place à aucune équivoque. Il s'agit de décider, dans la mesure du possible, et à l'aide des données *étiologiques, anatomiques* et *cliniques* qui précèdent, si la démence précoce est une psychose *constitutionnelle* inhérente à l'individu, dont l'hérédité est la cause *nécessaire* et *suffisante* ou, au contraire, une psychose *accidentelle*, dont le développement est lié, non plus à la prédisposition, réduite alors au minimum, mais à des *facteurs étiologiques puissants* ou à des *lésions matérielles* brusquement ou progressivement constituées (MAGNAN).

On estimera sans doute que de l'*enquête étiologique* dont les résultats viennent d'être exposés, il est bien difficile de tirer des indications positives sur la *pathogénie* de la démence précoce ; il nous semble cependant que parmi les différents facteurs étiologiques admis par la généralité des auteurs, il en est deux, au moins, qui méritent de retenir l'attention.

Le premier, c'est que chez un assez grand nombre de déments précoces, il existe des antécédents héréditaires névropsychopathiques non douteux ; le second, que les causes accidentelles le plus communément invoquées, quoique portant des noms différents, sont toutes réductibles à un *processus d'auto-intoxication* dont le déterminisme n'a pu être à la vérité encore précisé, mais que l'âge auquel se développe dans le plus grand nombre des cas la maladie, permet de rattacher vraisemblablement à un trouble de la sécrétion des glandes sexuelles (testicules, ovaires) pour un certain nombre de cas (la grande majorité) et, pour les autres, à une insuffisance fonctionnelle des glandes hépatiques, rénales, surrénales, thyroïde, etc.

De ces deux constatations la première, à nos yeux, signifie simplement qu'une *prédisposition* est indispensable au développement de la démence précoce.

A vrai dire, cette prédisposition aurait pu être admise *à priori ;* personne aujourd'hui ne mettant en doute qu'une sorte de consentement, d'*aptitude* — dirait le Professeur Joffroy — de l'organisme, est nécessaire pour qu'une maladie s'installe et persiste.

Dans la démence précoce, cette prédisposition pour les 2/3 des cas est fonction de l'hérédité, pour le dernier tiers on peut admettre, bien que le fait ne puisse pas toujours être mis en évidence, qu'elle a été réalisée par des maladies du premier âge, une hygiène défectueuse, etc. Cela étant, est-il possible d'aller plus loin et de soutenir par exemple que l'hérédité est la cause unique de la maladie ou, en d'autres termes, que la démence précoce est « une *psychose de développement* (Clouston) ou une *psychose dégénérative d'évolution* dans laquelle l'imperfection constitutionnelle, *substratum primordial et préexistant,* manifesterait sa fragilité sous l'influence et à un moment quelconque de la phase d'ascension de l'organisme ; elle prendrait place à ce titre parmi les *psychoses des dégénérés* [1] ».

Régis, auquel nous empruntons ces lignes, s'élève contre cette doctrine. Tous les déments précoces, dit-il, ne sont pas des dégénérés, tant s'en faut, et tous n'ont pas succombé dans la période, même agrandie, de leur accroissement évolutif.

Non seulement, ajouterons-nous, tous les déments précoces ne sont pas des dégénérés, mais c'est l'infime minorité d'entre eux qui peut prendre place dans cette catégorie de *malades ab ovo.*

Kræpelin a établi en effet, que dans 20 % seulement des cas, on constatait les manifestations de la tare dégénérative. De même pour Christian, les enfants qui doivent devenir des déments précoces ne se distinguent pas des autres ; ils ne présentent ni tics, ni perversion morale, ni bizarreries de caractère, etc.

1. — Régis : Notes à propos de la démence précoce, in-*Rev. de psychiâtrie,* 1904, p. 189.

D'autre part, le *niveau mental* de ces malades a été trouvé *normal* dans 66 % et *faible* dans 7 % des cas observés par Sérieux. Sur 100 hommes et 100 femmes atteints d'hébéphréno-catatonie, Aschaffenburg déclare que 18 hommes et 13 femmes seulement avaient une *intelligence inférieure,* sans atteindre l'imbécillité (SÉRIEUX).

Lévi-Bianchini est encore plus catégorique ; la démence précoce, d'après cet auteur, se développe dans la presque totalité des cas (90, 4 %) sur une *mentalité normale.*

Enfin, Magnan lui-même a reconnu, ainsi que nous l'avons signalé plus haut, que des sujets intelligents, dont l'*état mental avait été irréprochable pendant leur enfance et leur adolescence,* pouvaient sombrer rapidement dans la démence.

On peut donc considérer comme un fait acquis, que si la démence précoce se montre chez les dégénérés, c'est seulement dans un petit nombre de cas. Cette constatation ne porte nullement atteinte à la théorie de l'auto-intoxication ; les tares dégénératives — bien qu'on ait soutenu le contraire — s'observent aussi quelquefois dans la paralysie générale, et cependant, l'origine *accidentelle* de cette affection n'en est pas moins proclamée par la grande majorité des auteurs. La paralysie générale, a déclaré Magnan, est *la plus individuelle des maladies mentales.*

Nous avons dit, d'autre part, que de notre enquête étiologique résultait la notion que la *prédisposition, héréditaire* ou *acquise,* avait besoin d'être actionnée par des *causes accidentelles* pour réaliser le syndrome clinique de la démence précoce et nous avons émis l'hypothèse que, sous le couvert de masques divers (excès, surmenages, traumatismes, chocs moraux, épuisement, etc.), toutes ces causes, en apparence complexes, formaient un seul faisceau étiologique dont tous les éléments étaient sous la dépendance d'un même processus pathogénique.

L'*étiologie* est, à vrai dire, impuissante à nous renseigner sur la nature de ce processus, mais peut-être nous sera-t-il possible, en faisant appel à l'*anatomie pathologique* et à la *clinique,* de soulever un coin du voile qui le recouvre.

Un point qui semble actuellement à l'abri de toute contestation, c'est l'existence d'une *profonde altération de la cellule nerveuse et de ses prolongements* dans tous les cas de démence précoce. On ne manquera pas de nous objecter que la lésion exclusive du neurone n'a pas, par elle-même, une signification absolue, qu'on l'observe dans tous les états démentiels et même dans beaucoup de psychoses.

A cette objection, nous répondrons que si la cellule nerveuse est lésée isolément, c'est qu'elle est le *terrain par excellence des réactions les plus délicates et les plus précoces aux imprégnations toxiques* (DUPRÉ) et, d'autre part, qu'il n'est pas absolument démontré que les réactions défensives de l'organisme, qu'on a l'habitude d'observer dans tous les processus toxi-infectieux aboutissant à la mort de la cellule, fassent aussi complètement défaut dans la démence précoce que semblent le croire Klippel et Lhermitte.

Nous avons montré précédemment qu'Alzheimer, Nissl, Bridier et quelques autres auteurs avaient noté expressément l'existence *de lésions vasculaires*, et aussi, d'une *infiltration de l'écorce par des corpuscules ronds*, de dimensions variables, de nature névroglique ou leucocytaire, qui semblent jouer le rôle de neuronophages vis-à-vis de la cellule nerveuse.

Cette *prolifération de la névroglie* n'est, du reste, pas niée par Klippel et Lhermitte, mais ils la relèguent au second plan parce qu'elle était circonscrite et limitée ; nous ferons remarquer à ces auteurs que, si cette prolifération n'était pas plus abondante, il faut peut-être en chercher la cause dans la brusque interruption de l'affection par une maladie intercurrente. C'est du moins ce qui s'est produit pour les trois malades de notre service dont Klippel et Lhermitte ont examiné les centres nerveux.

Les renseignements cliniques sur la durée des accidents et la cause de la mort faisant défaut pour le quatrième malade appartenant au service de Pactet, les remarques suivantes s'appliquent uniquement aux trois premiers cas.

Or chez deux de ces déments précoces il existait en abondance dans un cas, en plus petite quantité dans l'autre, *autour des vaisseaux et des cellules, quelques-uns à cheval sur leurs bords, des éléments ronds à noyau fortement coloré*, que Klippel et Lhermitte considèrent comme de nature névroglique. Névroglique ou leucocytaire, cette infiltration de l'écorce par des éléments ronds n'en est pas moins significative.

Le *rôle neuronophagique* de ces éléments nous semble ressortir clairement de leur situation autour des cellules, sur les bords desquelles ils empiètent quelquefois.

Dans un cas, il est vrai, il n'existait pas trace de prolifération névroglique, mais la malade chez laquelle on a constaté cette absence de lésions de la névroglie est précisément celle qui était la plus rapprochée du début des accidents ; elle n'était malade que depuis quatre mois et demi, tandis que les deux autres étaient dans le service, l'une depuis quatre ans (celle chez laquelle la prolifération de la névroglie était plus accentuée) et l'autre depuis dix-huit mois.

Il nous semble que cette particularité, dont Klippel et Lhermitte n'ont pas tenu compte, méritait d'être relevée.

Il ne faut pas oublier, en effet, que l'histopathologie actuelle de la paralysie générale, est tout entière fondée sur les résultats d'examens effectués le plus souvent à la période ultime de la maladie. Si ces examens portaient sur des cas récents, il n'est pas certain que les lésions des centres nerveux présenteraient le même caractère de généralisation. Inversement on peut supposer, que lorsque les autopsies de démences précoces se seront multipliées et que des examens histologiques répétés auront été pratiqués aux différentes périodes de la maladie, les lésions ne seront peut-être pas aussi systématisées que tendraient à le faire admettre les recherches de Klippel et de Lhermitte.

Après les réserves cliniques que nous venons de faire sur le matériel histo-pathologique, mis à la disposition de ces auteurs, il est peut-être un peu téméraire d'affirmer que dans la démence précoce « *la lésion localisée à l'un des tissus de l'encéphale demeure comme un fait indiscutable... et qu'il y a par là une lésion qui appartient à la démence précoce et non à certaines autres démences* ».

Dans l'état actuel de la question nous croyons inutile d'insister davantage, sur l'interprétation que sont susceptibles de recevoir des lésions dont le siège, la nature et l'étendue, prêtent encore à discussion.

Ce qu'il nous est seulement permis de retenir, en nous en tenant aux constatations les plus récentes, c'est l'analogie pour ne pas dire la complète identité de ces lésions avec celles de psychoses, dont l'origine toxi-infectieuse ne fait plus de doute

pour personne, comme la confusion mentale et la psychose polynévritique (G. BALLET).

Régis, dont la perspicacité est toujours en éveil, a déjà relevé
le fait et, comme d'autre part, il existe de grandes analogies
cliniques entre la confusion mentale et certaines formes ou plutôt
certaines phases de la démence précoce, il a proposé d'englober
cette dernière affection dans le cadre élargi de la confusion
mentale.

A ses yeux cette conception comporte deux solutions, à coup
sûr trop originales, pour que je résiste au plaisir de les reproduire ici :

« Dans la première, dit Régis, la démence précoce peut être
considérée comme une *espèce particulière de confusion mentale*, à laquelle son *étiologie* le plus souvent *toxi-génitale*, son
époque climatérique d'apparition, sa *symptomatologie* catatonique, hébéphrénique ou *délirante*, son *évolution*, enfin sa *gravité*,
donnent un caractère à part. Ainsi conçue, la maladie ne fait que
changer de nom et de place ; mais, *démence précoce* ou *confusion mentale*, elle reste un *tout morbide ayant sa vie propre*
et conservant intacte la physionomie clinique que lui a attribuée
l'École allemande contemporaine.

» Dans la seconde solution, la démence précoce n'est plus une
entité, mais une *fin* morbide ; elle est la phase de chronicité de
toute confusion mentale aiguë non guérie, particulièrement des
confusions liées à l'époque du développement. Elle devient dès
lors la *confusion mentale chronique*, analogue à la manie et à
la mélancolie chroniques et susceptible, comme elles, de revêtir
la forme simple ou la forme délirante, réalisant dans ce dernier
cas une sorte de paranoïa systématisée secondaire post-confu-
sionnelle. Elle est, en un mot, la *démence précoce actuelle am-
putée de ses phases aiguës du début*, qui ne lui appartiennent
pas plus que l'accès initial de manie ou de mélancolie aiguës
n'appartient à la manie ou à la mélancolie chroniques [1]. »

De ces deux solutions c'est à la seconde que Régis donne la
préférence, ce qui ne laisse pas que de surprendre, mais je crois
qu'au fond il n'y a entre nous qu'une question de mots.

Il n'est pas possible, en effet, que Régis ait songé sérieusement

1. — RÉGIS : Notes sur la *démence précoce*, in-Rev. de psychiatrie, 1904, p. 135.

à amputer la démence précoce de ses phases aiguës au profit de la confusion mentale, sous le prétexte que ces phases aiguës sont impossibles à distinguer des états de confusion mentale et qu'elles peuvent se terminer par la guérison.

La démence précoce serait ainsi réduite au rôle d'une simple *démence secondaire à la confusion mentale*. Autant vaudrait dire que la paralysie générale n'est, elle-même, qu'une démence secondaire, consécutive à la folie maniaque dépressive, parce qu'elle débute souvent par un accès d'excitation maniaque de tous points comparable à ceux de cette affection !

La vérité est ailleurs. Régis a démontré en trop bons termes les droits à l'*autonomie* de la démence précoce dans sa « première solution » pour l'avoir définitivement abandonnée ; tôt ou tard il y reviendra, et nous serons tout-à-fait d'accord le jour où il voudra bien reconnaître que la démence précoce est non pas une *fin morbide*, ni même un *commencement*, qu'elle est *un tout*, comme il l'a si bien dit, qu'elle n'a donc pas besoin de demander aide et protection à la confusion mentale, mais que, par contre, celle-ci, si elle veut continuer à vivre, devra redevenir, comme par le passé, une simple *démence aiguë* (précoce ou non).

Je sais bien que ce qui arrête mon ami Régis et avec lui de très bons esprits, c'est le mot de « démence » appliqué à une affection *curable*, mais la *paralysie générale vraie* aussi est *curable* (Krafft-Ebing, Schule, Magnan et Sérieux, etc.) dans des proportions, il est vrai, plus restreintes, et cependant elle n'en constitue pas moins le type des *affections démentielles d'emblée*.

De cette discussion un peu longue nous retiendrons seulement qu'il existe des affinités cliniques très étroites entre la confusion mentale et la démence précoce ; tenant compte d'autre part de l'identité des lésions histologiques qui caractérisent ces deux affections nous dirons, en nous appuyant à la fois sur l'autorité de G. Ballet et de Klippel que, d'ores et déjà, il semble qu'on soit en droit, au nom de l'anatomie pathologique, de distinguer la démence précoce des *folies dites dégénératives* et de la rattacher avec Kræpelin au groupe des *maladies mentales dues à une auto-intoxication*.

Après les considérations qui précèdent, on me pardonnera

d'être bref sur les arguments cliniques qui peuvent être invoqués à l'appui de l'*origine auto-toxique* de la démence précoce.

A considérer seulement la *lente évolution* de la maladie qui n'aboutit à la perte complète des facultés qu'après une série de *crises paroxystiques et de rémissions*, on ne peut se défendre de penser à l'intervention d'un processus toxique qui procède par poussées et n'envahit que progressivement, d'une façon inégale et intermittente, l'ensemble des territoires psychiques.

En faveur de cette hypothèse militent encore les *accès fébriles*, les *crises convulsives*, les *états cataleptoïdes*, etc., et dans le même ordre d'idées, les états de *confusion*, d'*engourdissement*, de *torpeur*, d'*onirisme*, et de *puérilisme*, qui donnent à la maladie un cachet si spécial. Mais comme il n'y a là, en réalité, que des présomptions, mieux vaut se cantonner sur le terrain anatomique.

Or l'histopathologie actuelle de la démence précoce, même réduite aux constatations de Klippel et Lhermitte, tend à faire admettre l'*existence d'une altération de la substance grise du cerveau, et principalement des zones d'association, par des poisons vraisemblablement d'origine glandulaire.*

Nous conclurons donc en disant *que la démence précoce, tout en restant soumise dans les mêmes limites que la paralysie générale à l'inéluctable loi de la prédisposition héréditaire et acquise est, au même titre et dans la même mesure qu'elle, une maladie fortuite et* ACCIDENTELLE.

CHAPITRE VII

Les Démences vésaniques en général.

ORIGINE SECONDAIRE OU ORIGINE PRIMAIRE DES DÉMENCES DITES VÉSANIQUES. — Sous le nom de *Démences vésaniques* on désigne généralement les états d'affaiblissement permanent, progressif et définitif des facultés intellectuelles, morales et affectives, consécutifs aux psychoses.

Les démences vésaniques sont donc des affections essentiellement *secondaires*, et il semblerait, d'après cette définition, qu'on doive en décrire autant de types qu'il y a de psychoses pouvant les précéder.

Théoriquement vraie, cette proposition ne l'est plus pratiquement, parce que les démences consécutives ou secondaires finissent toutes à un moment donné par se ressembler et se confondre, au point qu'il devient très rapidement impossible de reconnaître l'affection initiale dont elles dérivent. Aussi se borne-t-on, en général, à étudier en bloc toutes les démences vésaniques, qu'elles soient secondaires à la *manie*, à la *mélancolie*, aux *psychoses dégénératives*, etc., de même que sous le nom de *démences névrosiques*, on réunit les états démentiels qui succèdent à l'*épilepsie*, à la *chorée*, etc.

Dans le récent traité de pathologie mentale de Gilbert Ballet Arnaud distingue seulement, suivant la période de la vie à laquelle elles apparaissent, deux formes, l'une *tardive* et l'autre *précoce*, de démence vésanique.

Si séduisante que soit cette conception qui, de l'ancienne entité morbide de Pinel et d'Esquirol, ne fait plus qu'un simple stade terminal des psychoses de l'âge mûr ou de la vieillesse (démence vésanique tardive), de la jeunesse ou de l'adolescence (démence vésanique précoce), nous ne croyons pas qu'elle corresponde à la réalité des faits et qu'elle puisse se concilier avec les idées nouvelles en psychiatrie.

Nous avons déjà exposé les raisons qui nous empêchent d'envisager la démence précoce comme une affection secondaire ou consécutive à certaines psychoses, fût-ce même à la confusion mentale (Régis), et par conséquent d'admettre la théorie de la *démence vésanique rapide*.

La conception de la *démence vésanique tardive* est-elle plus justifiée ?

Dans l'état actuel des choses, le développement de cette *démence tardive* (type Arnaud-Ballet) ne peut guère se concevoir que comme résultant de la transformation d'un processus maniaque, mélancolique, etc... en un processus démentiel, qui se substitue peu à peu à lui et finit par le remplacer complètement.

Cette théorie est difficilement acceptable, car il n'y a véritablement pas plus de raisons pour croire à la métamorphose en démence d'une vésanie, qu'à celle d'une dyspepsie en cancer de l'estomac. La démence ne peut pas plus être le produit de la vésanie que le cancer de la dyspepsie : vésanie et dyspepsie peuvent être des effets, elles ne sont jamais des causes.

En présence d'une démence consécutive à une vésanie, d'un cancer succédant à une dyspepsie, l'hypothèse la plus rationnelle consiste à admettre que la vésanie et la dyspepsie, n'ont été que des accidents prémonitoires, des manifestations prodromiques d'affections préexistantes, dont l'incurabilité n'est devenue évidente que plus ou moins tardivement. La preuve de cette chronologie morbide est, à la vérité, difficile à fournir, mais à l'appui de l'origine *primaire* et non plus *secondaire* des démences dites vésaniques, on peut invoquer beaucoup d'autres considérations.

Nous rappellerons d'abord que toutes les psychoses ne sont pas également sujettes à verser dans la démence ; il en est même quelques-unes qui passent pour irréductibles et réfractaires à ce mode de terminaison : tels sont par exemple le *délire des persécutés-persécuteurs*, le *délire systématisé à bases d'interprétations fausses* de Sérieux et Capgras, la *paranoïa* (type Krœpelin) ; telles sont aussi les diverses *folies intermittentes, périodiques, circulaires, alternes, à double forme*, etc...

Les maladies mentales le plus souvent suivies de démence

sont au contraire la *manie* et la *mélancolie simples* ou *essentielles*, les *délires d'emblée ou polymorphes dits des dégénérés*,
la *confusion mentale*, certains *délires systématisés*, etc...

Cette façon différente de se comporter vis-à-vis de la démence
de la part de ces affections, a déjà frappé beaucoup d'observateurs et vaut qu'on s'en occupe.

S'il est vrai, — comme l'ont soutenu Christian à propos de
l'hébéphrénie, Magnan au sujet du délire chronique et aussi
Charpentier, au cours de la discussion sur la folie des dégénérés, — que les vrais héréditaires se font remarquer par leur
longue résistance à la démence[1], on comprend que les *maniaques raisonnants*, les *persécutés-persécuteurs* et même les
fous périodiques, puissent conserver pendant une longue suite
d'années l'intégrité de leurs facultés intellectuelles, ces malades
ayant tous, de l'avis général, une hérédité très lourde ; mais
alors, on ne s'explique plus le passage à la démence des
psychoses dites dégénératives, comme le *délire d'emblée* ou
polymorphe et certains *délires systématisés aigus* ou *chroniques*.

On comprend encore moins, dans ces conditions, le célèbre
aphorisme de Magnan et Legrain : « *les plus tarés des dégénérés
sont candidats à une démence précoce soit primitive, soit post-
délirante* » ; car d'un côté, nous voyons l'hérédité constituer
une sorte de barrière à la démence, et de l'autre, la dégénérescence qui, depuis Morel et Magnan, se confond avec l'hérédité,
réaliser une condition favorable au développement de cette
même démence. Et ce qui n'est pas fait pour diminuer notre
embarras, c'est que la manie et la mélancolie simples, qui ne
sont plus des psychoses des *héréditaires* ou même des *dégénérés*, mais des simples *prédisposés*, évoluent assez fréquemment vers la démence.

En présence de ces contradictions déjà relevées par Vigou-

1. — « Si les héréditaires, dit, non sans malice, Charpentier, se font remarquer par leur résistance si longue à la démence, que faire alors des *démences
précoces* observées chez les héréditaires ? » Et Magnan de répondre : « C'est
bien simple, dans la majorité des cas l'état mental ne baisse pas, témoins les
maniaques raisonnants, mais quelquefois, en effet, on voit se produire des
démences précoces ; ce n'est pas une surprise, c'est un fait clinique constaté
par tous les observateurs. » *(Ann. Méd. Psycholog.*, 1886, t. II, p. 281.)

roux[1], on est conduit à se demander si l'immunité de certaines psychoses vis-à-vis de la démence et l'affinité de quelques autres pour ce mode de terminaison, ne sont pas susceptibles d'une autre interprétation, ou plutôt, si les rapports des vésanies avec leurs prétendues démences, ne doivent pas être envisagées sous un autre aspect.

Pour cela nous examinerons séparément les trois grands groupes d'états démentiels consécutifs : 1° *aux folies généralisées (manie, mélancolie, etc.)* ; 2° *aux psychoses dites des dégénérés (délire d'emblée, délire polymorphe, paranoïa aiguë, etc.)* ; 3° *aux folies systématisées chroniques.*

1° Démences consécutives aux folies généralisées.
— Tous les auteurs sont aujourd'hui d'accord pour reconnaître que la *manie* et la *mélancolie* dites *essentielles* ne peuvent plus être considérées comme des entités morbides et que, par ces mots, on désigne de simples états syndromiques pouvant toujours être rattachés à la *folie maniaque dépressive*, à la *paralysie générale*, aux *folies toxiques*, à la *démence précoce*, à la *confusion mentale*, etc... Sur mille maniaques suivis pendant de longues années, dit Krœpelin, je n'en ai observé qu'un seul qui n'ait pas eu de récidives.

Le même auteur et, après lui, Sérieux, Capgras[2], etc., ont également établi que la mélancolie n'existait, en tant qu'affection autonome, que comme manifestation des *processus organiques d'involution sénile*, et que les états mélancoliques observés pendant la jeunesse ou l'âge adulte, étaient tous justiciables de la *folie maniaque dépressive* ou de la *démence précoce*, quand ils n'étaient pas liés à la *paralysie générale* ou aux *folies toxi-infectieuses*. La manie et la mélancolie perdant ainsi toute valeur en tant que types nosologiques, on voudra bien reconnaître qu'il ne saurait y avoir à proprement parler de *démences post-maniaques* ou *post-mélancoliques*.

---

1. — Vigouroux : *Contr. à l'étude de la démence précoce,* In-Ann. Méd. Psych., janvier 1894.

2. — Capgras : *Essai de réduction de la mélancolie en une psychose d'involution sénile.* Th. Paris, 1900.

2° Démences consécutives aux psychoses des dégénérés.

— Y a-t-il lieu de conserver les *démences consécutives aux états dits dégénératifs,* décrits sous le nom de *délires d'emblée* ou *polymorphes,* de *paranoïa aiguë,* etc... ?

De l'avis de tous les auteurs, la terminaison habituelle de ces états serait la guérison. Nous n'y contredirons pas, mais il faut avouer que ces prétendues guérisons ne visent que l'épisode délirant et les troubles sensoriels qui l'accompagnent. Le plus souvent, les malades sortent de leurs accès délirants diminués intellectuellement. Voici comment s'exprime à ce sujet Tuczek : « .... à l'asile, la régularité monotone de l'existence, l'absence de besoins et d'excitants, le plan de conduite tracé d'avance, ne donnent guère à ces derniers éléments de l'activité psychique (jugement, initiative, sensibilité morale), l'occasion de se manifester. Aussi la vraie pierre de touche est-elle, en l'espèce, la vie en liberté aux prises avec les devoirs, les difficultés et les tentations de la vie sociale. On constate alors que bien des malades, en apparence guéris, ont en réalité gardé de leur psychose un déficit mental plus ou moins prononcé [1] ».

Comme d'autre part le niveau mental de ces malades déjà faible congénitalement, était inconnu du médecin qui les traite, ce déficit passe inaperçu, et alors deux éventualités peuvent se produire : ou les malades quittent l'asile pour y rentrer bientôt avec des accidents analogues aux premiers qui, eux-mêmes, disparaissent à leur tour, et ce n'est souvent qu'après trois ou quatre paroxysmes délirants, dont on méconnaît du reste les liens de parenté, que l'état démentiel éclate à tous les yeux ; ou bien, les accalmies ne sont pas assez franches pour que le malade quitte l'asile, et au bout de quelques semaines ou de quelques mois, les manifestations délirantes se reproduisent et évoluent pour ainsi dire d'une seule traite vers la démence définitive et incurable.

Dans les deux cas, il ne s'agit donc pas réellement d'une *démence secondaire* ou *terminale,* mais d'une *démence primaire, protopathique, précoce,* momentanément masquée par des phénomènes délirants : ceux-ci sont sujets à des rémissions et peuvent même disparaître tout comme dans la paralysie géné-

[1]. — Tuczek : *Conception et signification de la démence.* Analys. in-Journ. de Psychologie, 1901, n° 3.

vale, mais le déficit mental sur lequel ils sont greffés est permanent et s'accentue progressivement, pour aboutir au bout de plusieurs années à la perte complète de l'intelligence[1].

Parfois, du reste, les caractères cliniques de ce déficit intellectuel, qui s'affirme par des *actes baroques*, des *tics*, des *stéréotypies*, du *négativisme*, du *collectionisme*, des *soliloques*, de la *verbigération*, etc., ne laissent aucun doute sur son origine démentielle.

3° Démences consécutives aux délires systématisés chroniques hallucinatoires.

— Restent les *délires systématisés chroniques*. Beaucoup d'auteurs estimaient autrefois que ces psychoses ne se terminaient jamais par la démence. On se rappelle l'opposition qu'a rencontrée Magnan pour faire accepter la période démentielle de son délire chronique. L'effacement du délire, sa cristallisation, l'indifférence des malades, étaient mis sur le compte de leur long internement et de l'inutilité reconnue par eux de leurs affirmations délirantes (Séglas).

Ces faits ne sont plus aujourd'hui envisagés de la même façon : il est nombre de cas, dit Séglas, en parlant des délires systématisés, surtout des *variétés dites hallucinatoires*, qui arrivent à une *démence véritable* bien qu'incomplète et de caractères particuliers. Sérieux et Masselon admettent également que les *délires systématisés hallucinatoires* aboutissent plus ou moins tardivement à l'affaiblissement intellectuel ; mais, sans se prononcer d'une façon catégorique, ces auteurs hésitent cependant à faire rentrer les états d'affaiblissement intellectuel consécutifs aux délires systématisés hallucinatoires dans la variété paranoïde de la démence précoce. Pour nos collègues, il s'agirait bien là d'une *démence secondaire meta* ou *post-vésanique*. — Voilà en somme à quoi se réduirait le vaste groupe des démences vésaniques que tous les auteurs font encore figurer dans leurs classifications.

1. — Tous les auteurs admettent, et nous-même l'avons signalé plus haut, que la marche de la démence précoce est souvent interrompue par des rémissions qui passent souvent pour des guérisons. La maladie, dit Darcanne, procède quelquefois par accès. Ces accès durent plus ou moins longtemps ; ils cessent et l'on parle de guérison. En réalité, cette prétendue guérison n'est qu'une simple rémission qui pourra se reproduire une ou plusieurs fois. — Darcanne : Th. Paris, 1904, p. 110.

Doit-on se ranger à l'opinion de Séglas et de Sérieux, ou adopter celle de Krœpelin qui soutient que toutes les *variétés hallucinatoires de la paranoïa*, y compris le *délire chronique de Magnan*, doivent être considérés, au moins à titre provisoire, comme appartenant à la *démence précoce?*

En ce qui nous concerne, nous nous sommes déjà expliqué ailleurs sur cette question, nous n'y insisterons donc pas. Voici cependant quelques-uns des arguments qui peuvent être invoqués en faveur de la théorie de Krœpelin.

Pour juger du niveau intellectuel des malades atteints de délires systématisés chroniques, il faut étudier le contenu de ces délires qui, comme on le sait, est presque toujours à base *d'idées hypochondriaques, de persécution ou de grandeur.*

Or, de l'avis de tous les auteurs, de semblables idées ne peuvent se développer qu'à la faveur d'un affaiblissement congénital ou acquis, temporaire ou permanent, des facultés ; leur fréquence, en dehors de la folie systématisée, chez les imbéciles, les débiles et les déments de toutes espèces, le prouve suffisamment, pour que nous n'ayons pas besoin de nous arrêter sur ce point. Il est vrai que les mêmes auteurs insistent à l'envi sur les caractères différents que présentent ces idées, dans les affections que nous venons de citer (imbécillité, débilité mentale, paralysie générale, etc.) et dans la paranoïa.

Pour démontrer la conservation relative de l'activité intellectuelle chez les paranoïaques, on invoque surtout la systématisation de leur délire ; leurs conceptions fausses, dit-on, s'enchaînent et se relient les unes aux autres ; seul, le point de départ de ces conceptions repose sur une fiction, mais celles-ci sont logiquement déduites les unes des autres, et on en conclut à l'intégrité des facultés syllogistiques de ces malades.

En réalité, la systématisation des idées chez ces sujets est loin d'être aussi inattaquable qu'on l'admet généralement (je rappelle qu'il ne s'agit ici que des variétés hallucinatoires de la paranoïa), l'échafaudage en est le plus souvent fragile et chancelant ; mais, en admettant même le parfait agencement de ces échafaudages délirants, il est bien évident qu'ils ne peuvent s'édifier qu'à la faveur d'une *crédulité* et d'une perte complète de la *faculté auto-critique*, qui sont les témoins irrécusables d'un affaiblissement préalable des facultés.

Mais cet affaiblissement, dira-t-on, est congénital, il n'est pas acquis, il n'est donc pas démentiel ? Il est probable qu'en réalité il est l'un et l'autre. En tout cas Magnan a signalé l'existence de délires systématisés, en apparence purs de tout mélange, chez des paralytiques généraux. Son élève Pécharman a également relevé plusieurs cas de délire systématisé chez les vieillards, c'est-à-dire chez des sujets dont le cerveau est en voie de régression athéromateuse. Délire systématisé et démence ne peuvent donc pas être considérés comme deux termes ennemis, contradictoires (Magnan).

D'autre part, la superposition si fréquente des idées de grandeur aux idées de persécution chez les paranoïaques, n'est-elle pas la preuve irrécusable des progrès de leur amoindrissement intellectuel ? Et la *cristallisation* elle-même de leurs conceptions délirantes, qui tournent dans un cercle de jour en jour plus étroit, se reproduisent constamment identiques à elles-mêmes, qui sont *stéréotypées*, comme on disait autrefois, ne constitue-t-elle pas un nouvel argument à l'appui de la thèse que nous défendons ? La *stéréotypie délirante* des délirants chroniques est évidemment un phénomème du même ordre que la *stéréotypie verbale* des déments précoces ; cette répétition monotone des mêmes mots dans un cas, des mêmes idées dans l'autre, ne peut être que le fait d'un effacement progressif des images mentales et de la fixation isolée, automatique, de quelques-unes seulement d'entre elles dans le champ de la conscience (Masselon), ce qui revient à dire que la démence est le *substratum* de ces stéréotypies.

Il y a encore une série d'autres caractères cliniques qui permettent de rapprocher les délirants systématisés chroniques des déments précoces ; il me suffira de rappeler les *gestes baroques*, les *tics de toutes espèces, les stéréotypies*, les *néologismes*, les *monologues*, et toute la série des prétendues réactions de défense ou de protection si fréquentes chez tous ces malades, et qui ne sont, en réalité, que des manifestations démentielles. Comment qualifier autrement l'acte de ce soi-disant hypochondriaque qui, d'après Morel, avait pris l'habitude de tenir constamment son pénis dans la main[1], parce que « *sans cela son*

1. — Morel : *Maladies mentales*, 1860, p. 705.

existence eut été compromise » ; et la réponse de ce lypémaniaque qui, interrogé sur la cause des gémissements qu'il poussait du matin au soir, disait que « *c'était pour maintenir son
allure* ». « *Maintenir son allure,* s'écrie avec enthousiasme
Morel, *voilà bien une phrase propre à un hypochondriaque,
un spécimen de ce langage particulier qu'ils se créent et auquel
j'ai fait allusion plus haut* [1]. »

Nous croyons être plus près de la vérité en disant modeste-
ment, que cette phrase était aussi dépourvue de signification
pour celui qui la prononçait que pour nous, et qu'à elle seule,
elle suffisait pour affirmer un état démentiel, sur l'existence
duquel, la lecture de l'observation publiée par Morel ne laisse du
reste aucun doute [2].

Telles sont les principales raisons qui nous semblent justifier
l'introduction dans le cadre de la *démence précoce*, de la plupart
des *délires systématisés hallucinatoires chroniques*.

Ajoutons enfin, que la terminaison constante de ces délires
par une démence totale, peut encore être invoquée en faveur de
la doctrine de Krœpelin. Si celle-ci rencontre encore une si
grande opposition, c'est qu'au dire de certains auteurs il s'écou-
lerait un temps parfois considérable entre le début du délire
systématisé et le moment où la démence fait son apparition ; il y
a là une équivoque qui disparaîtrait, si tout le monde s'accordait
pour donner au terme de démence la même valeur.

1. — MOREL : *Maladies mentales,* 1860, note de la p. 302.
2. — « Lorsque je l'observai pour la première fois, dit Morel, en parlant de ce malade entré à 28 ans à Maréville, sa figure exprimait déjà une grande concentration.
Ses yeux à demi-fermés, le rapprochement de ses sourcils, sa tête inclinée sur sa
poitrine dénotaient le lypémaniaque. Ses réponses étaient justes et précises, mais
brèves, et encore terminait-il ses phrases par un profond gémissement. Lui
demandait-on la cause de ces gémissements, il répondait qu'il devait agir ainsi
pour *maintenir son allure*.
La nuit, son anxiété augmentait encore, il réveillait ses camarades ; on dut
l'isoler, et dans l'asile il n'était connu que sous le nom de *Gémisseur*. Jean-
Baptiste était un travailleur infatigable; il se rendait au travail en courant, et
en revenait de même; une de ses mains était appuyée sur la région coccygienne,
et de l'autre bras il opérait des mouvements latéraux très multipliés. Toutes ces
manœuvres avaient pour but d'empêcher ses ennemis d'entrer dans son corps, et
il n'avait pas d'autres moyens de maintenir son allure. Mais il arriva une époque
où cet état de lypémanie atteignit son paroxysme. Jean-Baptiste ne gémissait
plus, il poussait de véritables mugissements.
Je l'ai fait représenter dans sa position favorite. Il est assis, la tête penchée
sur la poitrine, avec une de ses mains il tord sa blouse, son pied droit est tendu,

Après Claus je rappellerai que le mot *Dementia* en allemand.a une signification moins absolue que celle qu'on lui attribue en France, et que dans la 6ᵉ édition du traité de Krœpelin, le terme de démence est remplacé par celui de « *Schwachsinn* » qui signifie simplement *faiblesse d'esprit*.

En médecine mentale, plus peut-être encore que dans les autres branches de la médecine, il est nécessaire de définir exactement les termes que l'on emploie. Comme tous les processus, celui de la démence a un commencement, un milieu et une fin. En France, on a pris peu à peu l'habitude de réserver le mot démence pour désigner exclusivement la phase ultime des déficits intellectuels. En bonne logique, ce terme doit s'appliquer également aux phases initiales de ces déficits, lacunaires ou globaux, permanents ou progressifs, quelle que soit par ailleurs la subtilité que réclame leur constatation ; et cela, jusqu'au jour où les progrès de l'anatomie pathologique nous permettront de faire, pour le syndrome clinique de la démence, ce qui a été si heureusement réalisé par les remarquables travaux de Bourneville et de quelques autres auteurs, pour le syndrome clinique de l'idiotie.

Démences vésaniques ou démences organiques. — En s'appuyant sur ces considérations purement cliniques, on serait donc en droit de nier aujourd'hui l'existence des *démences*

et de son talon il frappe le sol. Ce mouvement de frapper est en harmonie avec le rythme de ses mugissements, et que l'on ne croie pas qu'il y a chez ce malheureux une interruption à un état pareil ; il mugit en mangeant, il mugit avant de s'endormir, et il ne s'interrompt que pour faire grincer ses dents de la façon la plus pénible. Arrivé au dernier degré du marasme, nous sommes obligé de l'aliter. Il ne mange plus qu'avec la plus grande difficulté ; ses extrémités inférieures sont infiltrées ; sa poitrine est resserrée par le défaut d'inhalation d'une quantité d'air suffisante ; ses poumons ne fonctionnent pour ainsi dire plus que d'une manière imperceptible, son corps est couvert de plaies ; quand il ne peut plus déchirer ses vêtements, il se lacère la peau. Il meurt enfin après avoir été quatre années entières dans la même situation. Jusqu'au dernier instant cet infortuné conserva le souvenir de sa famille. Trois jours avant sa mort, il écrivit d'une main défaillante à son père une lettre dont voici quelques phrases : « Je gémis » toujours pour maintenir mon allure. — J'ai bien peur de mourir, et je ne puis » vivre. — Ces Messieurs ont fait ce qu'ils ont pu, les autres sont les plus forts, etc. » Morel : Ét. cliniques.

Les *éclaircies lucides* auxquelles il est fait allusion dans ces dernières lignes, lorsqu'elles se produisent dans les derniers jours de la vie, ne plaident pas, comme on pourrait être tenté de le croire, contre le diagnostic de démence précoce. Beaucoup d'auteurs les ont signalées, Mœus en a rapporté un cas très démonstratif et j'en ai observé moi-même un exemple.

vésaniques ou *secondaires,* mais d'autres raisons peuvent encore être invoquées en faveur de cette thèse.

Depuis longtemps, l'anatomie pathologique avait devancé sur ce point la clinique, en établissant l'existence dans tous les cas de démences chroniques, de lésions matérielles de la corticalité cérébrale, et en montrant que l'intensité de ces lésions était toujours en rapport avec la gravité des symptômes : il est donc bien difficile, pour tout esprit non prévenu, de ne pas admettre un rapport de causalité entre ces lésions et le tableau symptomatique de la démence.

Pierret, le premier en France, a soutenu cette doctrine qui a été confirmée depuis par un grand nombre d'observateurs.

La démence, quelle que soit son origine, dit Nissl, a toujours un *substratum anatomique objectivement démontrable :* toutes les démences sont donc foncièrement *organiques,* et diffèrent seulement entre elles, par le degré d'intensité du processus de destruction cellulaire du cortex.

A la vérité, Klippel et Lhermitte ont essayé récemment d'établir une ligne de démarcation entre les *démences organiques* et les *démences vésaniques,* en se fondant sur la différence de localisation des lésions respectives de ces deux groupes d'états démentiels.

D'après cette théorie, « les *délires* et les *démences* dites *orga-* » *niques* auraient pour caractère anatomique d'atteindre l'en- » semble des tissus qui composent l'encéphale et à côté des » lésions du neurone et de la névroglie (tissu neuro-epithélial), » d'entraîner celle des éléments vasculo-conjonctifs (leucocytes, » endothéliums vasculaires, cellules conjonctives).

» Les *délires* et les *démences vésaniques* seraient liés aux » lésions dites fonctionnelles et à l'atrophie du neurone, tandis » que les autres tissus de l'encéphale, à part parfois la névroglie, » ne participeraient pas aux lésions [1] ».

On remarquera qu'à cette différence de siège des altérations, ne correspond aucune différence de nature. Il s'agit toujours de lésions destructives avec désintégration plus ou moins complète de la cellule, mais tandis que l'élément noble est seul intéressé

1. — KLIPPEL et LHERMITTE : *Anat. Path. et Pathogénie de la démence précoce,* in Revue de psych., 1905, nº 2.

dans un cas, dans l'autre, sa gangue vasculo-conjonctive participe au processus.

Dans ces conditions, est-on réellement fondé à séparer aussi nettement des affections qui reconnaissent un même substratum ne différant que par son étendue ? D'autres répondront, et pour commencer, voici déjà l'opinion du professeur Pierret sur la question : « De toutes les lésions observées au cours des démences, écrit son élève Bridier, la plus constante est celle de la *cellule corticale*. Il ne s'agit pas seulement d'une lésion banale telle que la chromatolyse, mais de la destruction de l'élément et de son remplacement par des amas de noyaux ou tout au moins par une dégénérescence granulo-pigmentaire », et plus loin : « *au point de vue anatomo-pathologique, on ne peut faire de distinction entre les démences organiques et les démences vésaniques*[1] ».

La clinique nous ayant déjà fourni la même réponse, c'est à cette conclusion que nous nous rallierons, d'autant plus qu'elle est basée non pas sur l'examen de quelques cas de démence précoce, comme celle de Klippel et Lhermitte, mais sur un ensemble de faits comprenant les principaux types de démences classiques, y compris les anciennes démences aiguës curables d'Esquirol (confusion mentale, stupidité, etc...), que je n'ai pu étudier ici, sous peine de passer en revue toute la pathologie mentale.

Abstraction faite de ces démences aiguës, nous avons essayé d'établir que l'ancien groupe disparate et hétérogène des *démences dites vésaniques* ou *secondaires* ne pouvait plus être maintenu dans les classifications psychiatriques ; parmi ces démences, il en est d'abord plusieurs qui doivent forcément disparaître, puisque les psychoses dont elles constituaient le stade terminal ont perdu leur autonomie ; telles sont les démences consécutives aux folies simples, la *démence maniaque*, la *démence mélancolique*, etc. Quant aux deux autres groupes de *démences vésaniques*, celles qui sont consécutives aux prétendues *psychoses dégénératives*, aux *délires systématisés aigus* ou *chroniques* (variétés hallucinatoires), etc., elles ressortissent toutes aux différentes formes de la *démence précoce*, et, par

1. — Bridier : *Anat. Path. des démences*, Th. Lyon, 1902, pp. 90 et 93.

conséquent, appartiennent à la catégorie des *démences primaires*.

Ainsi se trouve vérifiée, contrairement à l'opinion récemment formulée par Serbsky[1], la prévision exprimée au début de ce rapport que la reconnaissance, comme entité morbide de la démence précoce, aurait pour conséquence de bannir de la nomenclature les anciennes folies simples et la plupart des psychoses dites de dégénérescence, ainsi que les *démences vésaniques* ou *secondaires*.

Défalcation faite des *démences toxiques* et des *démences névrosiques* qui ne rentrent pas dans le cadre de ce travail, on pourrait, en s'appuyant sur ces données, essayer de grouper au moins provisoirement les *démences organiques* (y compris les anciennes démences vésaniques) en deux grandes classes : celles qui sont dues à des *lésions circonscrites, solitaires* ou *multiples*, et celles qui reconnaissent pour cause des *lésions diffuses et généralisées d'emblée* ; cette seconde classe pourrait elle-même être subdivisée en deux groupes, à la vérité artificiellement séparés, suivant qu'il s'agit de *lésions aiguës* ou *chroniques*, *réparables* ou *destructives*.

Ce classement permettrait de réserver une place aux *anciennes démences aiguës curables*[2] qui, nées dans notre pays, ont au moins autant de peine aujourd'hui à s'y acclimater que la démence précoce.

1. — W. Serbsky : *Contribut. à l'étude de la démence précoce*. Ann. Méd. Psych., n°° de novembre 1903, janvier et mars 1904.

2. — A propos de cette curabilité, voici comment s'exprime Bridier : « Si les cellules ne sont pas profondément altérées comme structure, si mêmeelles persistent en nombre suffisant, tout atteintes qu'elles soient, ces altérations pourront ne se révéler en clinique que par le syndrome confusion mentale simulant plus ou moins la démence ; dans ce cas, une réapparition ultérieure de l'intelligence sera possible. L'état démentiel, au contraire, se rattache à la mort cellulaire. — Bridier : *Anat. Path. des démences*, Th. Lyon, 1902, p. 90. — Voir aussi le mémoire de Kovalewski sur *la curabilité de la démence*, in-Ann. méd. Psycholog., juillet 1886.

TABLE DES MATIÈRES

www.ingramcontent.com/pod-product-compliance
Lightning Source LLC
Chambersburg PA
CBHW070854280326
41934CB00008B/1443